I0408045

Adelfa Jozami

Pubert𝑎dolescencia

Elección sexual

Colección

Mirar con las palabras

2017

Créditos

Título original: *Pubertad adolescencia*

© Adelfa Jozami, 2017
© De esta edición: Pensódromo 21

Editor: Henry Odell – p21@pensodromo.com

Esta obra se publica bajo el sello de
Xoroi Edicions y en el marco de la
Comunidad de Editores
(www.comunidadeditores.com)

Diseño de cubierta: Pensódromo.

ISBN rústica: 978-1545204115
ISBN ebook: 978-84-946232-6-4

Cualquier forma de reproducción, distribución, comunicación pública o transformación de esta obra solo puede ser realizada con la autorización de sus titulares, salvo excepción prevista por la ley. Diríjase a CEDRO (Centro Español de Derechos Reprográficos, www.cedro.org) si necesita fotocopiar, escanear o hacer copias digitales de algún fragmento de esta obra.

Índice

Hay tiempos en la construcción de un libro.

Está el tiempo en que la interlocución con colegas,
la práctica con mis analizantes,
con los que cada vez oficiaron de maestros,
fueron precipitando ideas que irían
formando parte de este texto.

Pero está el tiempo de concluir,
en esa instancia agradezco a los interlocutores que
colaboraron en la precipitación de las letras
tal como llegarán al lector:
Federico Levín, Lucila Alvarez Blanco, Henry Odell.

A mi madre que da sostén y forma.
A mis hijos que me acercan a la poesía de la vida y mis nietas,
Chiara hermosa adolescente y la pequeña y dulce Serenita
que me enseñan la alegría del paso del tiempo.

No prólogo

I

A partir de Freud sabemos que la negación no implica la contradicción. No es esto lo contrario a un prólogo: negar es índice de algo, lo señala. ¿Qué señalo en este caso? Que no hay un antes ni un después del logo; para el humano parlante todo comienza allí e intenta hacer con lo que se le escapa de ese campo que lo ordena.

Es un antes que consiste en una especie de advertencia al lector, que lo invita a hacer este recorrido producto de más de cuarenta años de práctica analítica con adolescentes; significante este que se torcerá muchas veces en el texto, pondrá en cuestión sus significados y nos permitirá confrontar con lo que significa para el psicoanálisis.

Como sucede en toda construcción de identidad, ligada a las verdades que se dicen a medias, los sentidos que se construyen desde el sinsentido y los significantes que resuenan y despliegan temporalidades, para decir lo que se *es*, esa x acuciante, muchas veces es de buena ayuda despejar el terreno de lo que no se es. Aunque, advertidos de que no se trata del ser ni del saber, sino del hacer y el desear, si bien pensaba comenzar con lo que sé que este libro *no es*, lo haré esbozando lo que deseo que este libro no haga (encontrando, por añadidura, lo que el libro quiere hacer).

Este libro no recopila un saber sabido sobre la adolescencia. Sería más bien un encuentro contingente entre el psicoanálisis y la adolescencia, tal como la encontramos dicha por otros discursos —sociológicos, antropológicos, filosóficos y, sobre todo, analizantes—.

Pretende transmitir lo que el *adolescente* le hace al psicoanálisis y cómo interviene el psicoanálisis en un sujeto que transita la *pubertad*.

Intenta responder a algunas preguntas que me he hecho a lo largo de mi práctica, insistentemente, por el lugar que la pubertad/adolescencia tiene en la constitución de un sujeto: en sus identificaciones, sus goces, su realidad fantasmática; ya que no todo está dicho con el Edipo, esa primera vuelta: hacen falta dos vueltas para que el sujeto se inscriba en el discurso como hombre o como mujer. Para el humano parlante, su sexualidad, como veremos en el libro, no tiene nada de natural, no se orienta por sus instintos; para construir su frágil identidad masculina o femenina y adecuar sus goces a ella, depende de esta inscripción.

No tiene una mirada neutral: mi formación ha corrido por el cauce abierto por Freud y Lacan; esa es mi perspectiva.

El sujeto que abordo es el sujeto lacaniano. Ese sujeto, al ser lo que «un significante representa para otro significante», no sabe lo que lo causa, y su cuerpo pulsional se ve afectado desde el inicio por el orden simbólico. Razón por la cual, durante un tiempo largo, el psicoanálisis lacaniano no se detuvo en la encrucijada de la pubertad: el sujeto con el que trabajábamos, barrado por el significante, debe ser el mismo a toda edad…

Pero ese malentendido deja de lado la cuarta dimensión: el tiempo. La temporalidad del sujeto, regida por el significante, construye las significaciones de su historia como nos enseñó Freud: *nachträglich* [*a posteriori*]. Luego de una segunda vuelta respecto a la marca que lo singulariza, el sujeto se efectúa. Por lo que, lógicamente, no es lo mismo escuchar a un niño —«perverso polimorfo» como los nombraba Freud— indicando que no había un objeto adecuado a sus goces, cuyos goces no lo definen de un sexo u otro; a un púber, cuyo cuerpo en crecimiento y movimiento rompe con los montajes que lo sostenían y simultáneamente debe optar por uno u otro lugar en el lenguaje, él-ella; o a un adulto, cuyo discurso se ha estabilizado en un tipo de neurosis, o psicosis, en el que su deseo se encuentra ya atrapado en la Demanda del Otro o en el goce del Otro, según el caso.

Verán que uso los términos *adolescente* y *púber* indistintamente. Ocurre que nos encontramos optando por dos nominaciones que eluden lo singular. Púber designa a quien atraviesa un período marcado por lo biológico y es el nombre por el que optó Freud en *Tres ensayos de teoría sexual* [1] al escribir «La metamorfosis de la pubertad»; adolescencia es el nombre que le ha dado fundamentalmente la psicología. Lo que Mauricio Knobel llamó «el síndrome normal de la adolescencia», una serie de síntomas que se ubican en esta época, entre los 11 y los 16 años, y luego pasan, sin que signifiquen una patología. Utilizar el término adolescente o púber, nos orienta hacia un lugar que, si bien es equívoco, se puede ir torciendo con el recorrido que haremos. Como en el chiste, por ejemplo, cuando una palabra se usa de otro modo.

Como en psicoanálisis se trata de la escucha de lo singular, no creo que haya una nominación posible para anudar ese cuerpo real, simbólico e imaginario, solo un nombre propio afectado de un sexo.

---

1. Freud, Sigmund. *Tres ensayos de teoría sexual, y otras obras* (1901-1905), «Punto III. Las metamorfosis de la pubertad», en *Obras completas*, Vol. VII, Buenos Aires, Amorrortu Editores, 2013.

En psicología se apunta a lo general, a lo que es común. En psicoanálisis, a lo singular; lo singular no es *lo único*, es un rasgo que marca una diferencia, como las mamas en los mamíferos: no es un rasgo común, es lo que los diferencia de los vertebrados (conjunto al que pertenecen) que no las tienen. Es porque falta en un lugar que se constituye como rasgo singular que alude a un universal.

En definitiva, no es una cosmovisión, no es psicología: es lo que hace un psicoanalista. Una interrogación sobre la posición de un analista ante el decir de un sujeto que transita este momento de su historia. Porque es necesario estar advertido del momento que transita para ocupar el lugar que hace falta para analizar, para hacer causa de deseo y no sustituir las creencias sostenidas en los padres, por otras creencias, las del analista.

Supongo que este libro es, en definitiva, una de las formas resultantes del dejarme empujar, ser absorbida por ese enigma que insiste en convocarme: la pregunta por el lugar de la pubertad en la construcción de la realidad y la sexualidad, el fantasma de un sujeto, en esa segunda vuelta.

Para desplegar el recorrido de esta insistencia, y las diversas formas que encontré para enfrentarla, de una manera legible, es decir, que apunte a cierta transmisión posible, fui construyendo un camino que no busca presentar un saber en progreso, con complejidades crecientes. Más bien se trata de instantes, respuestas a las preguntas que sostienen nuestra clínica.

El recorrido irá mostrando cómo llegamos a la idea: que es en la pubertad donde ubico la segunda vuelta en la construcción del fantasma, lo que sostiene el deseo hacia el objeto que a su vez define la elección sexual.

Parto de la posición del analista porque es desde ese lugar que han sido formuladas mis preguntas y algunas respuestas, además de acentuar el lugar de la abstinencia en nuestro trabajo. Luego abordo al sujeto del psicoanálisis, sujeto barrado, dividido de lo que lo causa por el significante, lo que va mostrándonos que la sexualidad del humano parlante no tiene nada de natural y a su vez la difícil adecuación entre el sujeto y el cuerpo, el deseo y los goces, lógica del significante y lo que se le escapa, articulación imposible, sostenida por el fantasma, realidad espacio temporal que el sujeto y sus vicisitudes, habita.

A partir de la introducción del nudo borromeo RSI, abordaré algunos desencadenamientos propios de esta época de pasaje, sus salidas, resoluciones.

Desplegaré la idea de causa para entender los *impasses* en la pubertad, en la que el desgano puede imperar, y la conquista de un nuevo sentido, luego de su carencia.

II

Hace más de cuarenta años que sostengo la práctica con adolescentes. En un comienzo, me orientaba con las preguntas que me hacía la teoría respecto de lo que me encontraba en la clínica.

Por una cuestión azarosa, apenas me recibí, llegué a una institución llamada Instituto de la Familia, en Rosario (Argentina), fundada por Mauricio Knobel; esta estaba dividida en las especialidades «familia», «niños», y «adolescentes». Comencé a participar en el equipo de adolescentes, e inmediatamente la práctica me convocó. Desde la formación teórica psicoanalítica me topaba con preguntas que trataba de responder desde la clínica.

Ahora, para avanzar en estas formulaciones, trabajo con ese algo de verdad que aparece tanto en lo que escucho en la clínica con adolescentes como viendo una película o leyendo una novela, por ejemplo.

Por eso, no hay manual de procedimiento posible: porque hay castración. La experiencia de la castración genera una posición en relación al saber y la verdad. No hay verdad absoluta, la verdad está en entredicho, dicha a medias. Con esa verdad que se entredice es que se va construyendo un saber hacer.

Nuestra postura es muy lejana a la que había en la época de Mauricio Knobel y de Arminda Aberastury. Knobel tenía un desarrollo sobre el síndrome normal de la adolescencia. Hasta esa época, las crisis que tenía el adolescente se planteaban como algo patológico. Lo que Knobel hizo fue plantear la adolescencia como parte de la estructura, no como un desarreglo. Aberastury desarrolló cosas muy interesantes acerca de los duelos: el duelo por el cuerpo, el duelo por los padres infantiles, por la infancia.

El psicoanálisis plantea que una marca que luego se repite y hace sujeto implica un duelo por el objeto perdido. Knobel, Aberastury, trataban de hacer un abordaje psicológico, general o universal, de la adolescencia, pero estaban escuchando algo que no había sido tomado por la teoría psicoanalítica.

Un gran problema para los lacanianos, es que Lacan pocas veces se refirió a la adolescencia, por lo que tomamos esas referencias y las elevamos a la jerarquía de conclusión.

Pistas en Lacan que nos permiten captar el porqué del abandono de esta temática, como si no correspondiera al psicoanálisis:

> … en el psicoanálisis la historia es una dimensión distinta de la del desarrollo, y es una *aberración* tratar de reducirla a ello La historia va a contrapelo del desarrollo.
>
> El sujeto producto de la relación de un significante a otro significante debe distinguirse *severamente* tanto del individuo

biológico, como de toda evolución psicológica como sujeto de la comprensión.[2]

Freud vuelve a orientarnos cuando en un pie de página en *Análisis de un caso de neurosis obsesiva,* dice:

... los recuerdos infantiles de los hombres, solo en una edad posterior (casi siempre en la pubertad) quedan precisamente determinados, siendo entonces sometidos a un complicado proceso de elaboración totalmente análogo al que da nacimiento a las leyendas de los pueblos sobre su historia...[3]

La historia del sujeto se constituye *a posteriori,* un acontecimiento se inscribe a destiempo, es la lógica que introduce el significante, a diferencia de la evolución, el desarrollo o el progreso sostenidos por la biología o por la tecnología. Aun así, abordar a quienes se encuentran en un tiempo, también cronológico, de su vida, teniendo como referencias las palabras aberración, severamente... ha mantenido a muchos aislados de estos temas.

Freud no tiene que pelear con quienes lo continuaron y plantearon las etapas de evolución de la libido en términos evolucionistas. A partir de que Lacan ubica los tres registros RSI, sabemos que están anudados y que lo simbólico y lo imaginario hacen la trama que permite hacer con la insistencia de lo real.

2. Lacan, Jaques. «La ciencia y la verdad», en *Escritos 1,* Buenos Aires, Siglo XXI Editores, 2008, p. 359.
3. Freud, Sigmund. (1909) A propósito de un caso de neurosis obsesiva» (el «Hombre de las Ratas»), en *Obras completas,* Vol. X, Buenos Aires, Amorrortu Editores, 1998.

Posición del analista / Posición del sujeto

Dado que habitamos un universo simbólico, todo toma sentido cuando se relaciona con algo opuesto, formando lo que se denomina una díada (activo-pasivo, hombre-mujer, etc.). Esto se encuentra, como los ejemplos entre paréntesis señalan, en el sexo, pero también está presente en las matemáticas: el tercer número es el número 2. El 0 es la nominación de la ausencia de número, el 1 es rasgo que comienza la serie, y el 2, que permite la operación, donde todo toma sentido. Hay opuestos: si es uno, no es el otro.

Una oposición: psicoanálisis / psicología

¿Qué es el psicoanálisis? En principio, aquello que hace un psicoanalista.

En *Los cuatro conceptos fundamentales del psicoanálisis*, Lacan dice[4]:

> La presencia del analista es una manifestación del inconsciente». «El campo freudiano es un campo que, por su naturaleza, se pierde. Aquí es donde la presencia del psicoanalista es irreductible, como testigo de esa pérdida. La

4. Lacan, Jacques. *Los cuatro conceptos fundamentales del psicoanálisis*, Barcelona, Barral Editores, 1977.

| 19

presencia del psicoanalista ha de ser incluida en el concepto de inconsciente.

¿En qué está implicado el psicoanalista?

Está implicado en la experiencia del inconsciente. O mejor, la experiencia del inconsciente lo implica.

La posición del analista hace a la diferencia entre psicoanálisis y psicología. En el psicoanálisis la presencia del psicoanalista es irreductible, forma parte de la práctica. El psicólogo, en cambio, se relaciona al saber: sabe la teoría y, con ese saber, puede operar. No hace falta el psicólogo a la teoría, mientras que el psicoanalista sí.

El psicólogo está en relación al saber y el psicoanalista está en relación a la verdad.

¿De dónde proviene un psicoanalista? Es una pregunta que no tiene que ver con el origen, porque no se trata de un ente, un ser, sino de una posición. Una posición, como estructura, equivalente a la posición del sujeto, pero contraria.

La pregunta es: cómo puede alguien colocarse en esa posición de analista para formar parte de la experiencia del inconsciente, donde algo de la verdad habla. Cómo participa alguien ahí y qué características tiene que tener para poder estar en esa posición.

Una respuesta posible: proviene de su propio análisis. De haber atravesado la experiencia de la castración en el análisis.

Respecto de la transferencia y de la posibilidad de operación del analista, sabemos que haber pasado por la experiencia de su propio análisis es fundamental para esto, no como un trámite previo, como era en la APA en algún momento, donde había que tener una cantidad de horas de análisis, sino porque realmente uno llega a esa experiencia de no tener un significante que lo signifique en el Otro, que uno le falta al Otro como significado: no hay un significado en el Otro que pueda significar mi existencia. Eso hace al deseo del analista: que uno sepa que puede estar en esa posición por fuera, en un momento, en el punto impropio, sosteniendo la estructura, pero no poniendo en juego su fantasma. La idea de poder abstenerse del fantasma o abstenerse de su propia lengua para interpretar, solo puede hacerlo si ha pasado por esa experiencia en el análisis.

El análisis, en transferencia, transcurre en relación al decir. No se analiza sobre lo escrito, por ejemplo. El escrito está ligado al resto, es como un residuo, un precipitado, está más del lado del objeto que de un efecto sujeto. El efecto sujeto aparece en el decir, en relación al habla. Allí donde un fallido permite ver que no hay una relación entre un significante y un significado; hay un sinsentido que alude a un agujero que nos lleva a comprender de manera cabal aquello de que *no hay relación sexual*: no hay nada en el significante hombre y en el significante mujer que agujeree al otro, que permita establecer una relación. Entender que no hay objeto para la satisfacción, que el objeto está perdido, eso es atravesar la castración.

Ver, entender, comprender... formas de decir que algo se transforma, para el sujeto, en una verdad; esta verdad de la castración se hace causa del deseo de analista, de llevar adelante un análisis, para poder escuchar sin saber. Para escuchar sin saber es preciso haber atravesado la castración, la desvinculación del significante y el significado.

Otro efecto de haber transitado un análisis es el encuentro con que su existencia no depende del significado de la demanda del Otro. No se sostiene allí. La relación del neurótico con lo que desea está ligada a la demanda del Otro; busca su significado: el significado de la demanda del Otro sostendría al neurótico como deseante. Al atravesar un análisis, eso cae y se transforma en enigma. No hay significado de la demanda del Otro; es un enigma que orienta, el corazón del deseo del analista, lo que lo impulsa a escuchar sin saber.

En la psicología, su operador se relaciona con el saber. El operador del psicoanálisis, el analista, se relaciona con esa verdad que se dice a medias en el equívoco. Eso que habla y que nos permite ocupar, a veces, un lugar que no es el del saber.

Para que la verdad surja, el saber debe quedar en suspenso. En el inicio de mi práctica me encontré con esto, en cruce con la experiencia de análisis con una analizante cuya temática era la elección sexual. Se decía homosexual, tenía dieciocho años. Sin que pudiera precisar claramente lo ocurrido, sólo digo que yo no sabía casi nada de eso; el *eso*, en este caso, era psicosis y homosexualidad, ya que además de mantener relaciones homosexuales venía diagnosticada por un psiquiatra amigo de la familia como con un brote psicótico. Durante el primer tramo del análisis encaró su sexualidad como heterosexual. ¿Será que allí mi fantasma, mi saber en juego, hacía que me dirigiera a ella de tal forma que la sostenía en otras identificaciones que le permitieron salir de la situación en la que estaba? Tal vez ese no saber fue propiciatorio, en tanto permitió la espera a que se reordenen los lazos, ya que ese *brote* había surgido a la vuelta de una estadía de intercambio en la que había vivido en otra familia, en otra lengua y en otro cuerpo —había engordado 10 kg—.

No estoy planteando el no saber (la ignorancia), sino la posibilidad de dejar el saber en suspenso hasta que algo de la verdad se pueda decir. Este análisis se ubicó como causa respecto de mi trabajo con adolescentes: el lugar que este tiempo tiene en la elección sexual y, sobre todo, la importancia de la abstinencia del analista respecto de su saber, de sus teorías acerca de la sexualidad, de sus prejuicios, para dejar que la verdad hable y se inscriba en la escena analítica.

Analista implicado + Analista abstinente

Estos términos parecen contradictorios, como una díada, pero están contenidos y articulados en la posición del analista.

¿De qué se abstiene el analista?

Se abstiene de saber, de entender, de comprender lo que le dice el analizante. Esto no implica neutralidad ni indolencia. No se trata de que el analista se abstenga de comprender porque no le importa lo que le pasa al analizante, sino porque la comprensión se hace desde lo que ya se sabe. Y lo que *ya se sabe* forma parte de la fantasmática propia del analista.

Si el analista no es efecto de su fantasmática o de su lengua en el momento en que dirige el acto analítico, es porque se abstiene respecto de su forma de comprender la realidad, y se deja sorprender por *eso* que *se dice*.

Cuando *eso se dice*, el analista ocupa el lugar del semblante. Esto es algo que ocurre, por la temporalidad que pone en juego, solo a veces. Cuando *eso* habla.

> El inconsciente les habla.
> Yo, la verdad, hablo.[5]

Eso que habla tiene que decirse. Ese es el proceso que ocurre en el análisis.

Como Francis Ponge se pone de parte de las cosas para que se digan, el psicoanalista se pone del lado de *eso* inconsciente que busca también ser dicho en el lenguaje por una voz. Quien lo diga, no quien lo entienda: no hay nada que entender.

Una díada: analizante-analista

El sujeto que va al análisis está dividido de lo que lo causa (el que no va también, pero no lo pone en juego, no hace experiencia de eso); por estar dividido no dispone de un saber acerca de eso: cuál es su objeto, dónde está su objeto de deseo, qué es lo que quiere. Como cree que si tuviera ese

---

5. Lacan, Jacques. *De un Otro al otro*, El Seminario, Libro 16, Buenos Aires, Paidós, 2008.

saber sus padecimientos terminarían, lo pide al psicoanalista. Pero el psicoanalista no responde con ningún tipo de saber, responde en el lugar del semblante. Porque no opera desde el saber, y porque ha atravesado un análisis, no responde como sujeto del fantasma, responde desde otro lugar. Se presta al objeto del fantasma del analizante. Eso es el semblante. Lo que no permite que un saber ocupe ese lugar de causa, lo que sostiene el enigma.

Lo que diferencia en este punto al psicoanalista del impostor es que el psicoanalista es un incauto del decir: se deja sorprender por la verdad. El impostor, en cambio, cree que sabe la verdad de antemano.

El sujeto busca saber, el impostor cree que sabe y el analista busca la verdad.

Sucede en la clínica: a veces es difícil cortar el relato sufriente de un analizante para señalar un equívoco, señalar *eso* que *se dice* ahí ¿Qué es lo que nos autoriza, y a la vez nos empuja a hacerlo? El deseo de analista: el estar advertidos, por haber atravesado esa experiencia, de que eso enigmático, esa falta de significado, ese agujero, en realidad, causa. Eso es causa de deseo, eso es lo que nos empuja.

El deseo del analista como x

El deseo del analista no porta ningún saber, por lo tanto, no tiene ningún sentido, no va hacia ningún lado, es un agujero de sentido. El deseo del analista no está sostenido como el deseo del sujeto: se sostiene en el semblante.

La intervención del analista opera en un fondo de ausencia. Opera ahí, agujerea al Otro para operar. El Otro constituye el saber, el conjunto de todos los significantes de los que disponemos. El agujero del Otro, ese fondo de ausencia, promueve una resonancia diferente de los significantes y abre la posibilidad de habilitar nuevos encadenamientos.

Lo que sostiene a un sujeto es el sentido que se crea de su vida.

En la melancolía nada tiene sentido, hay caída de todo sentido. El sentido (los sentidos) se sostiene con una trama significante que se construye con díadas. Las díadas se arman en la construcción de la lengua de cada sujeto, y conforman la red de sentidos en la que este queda atrapado. Por lo tanto, que un significante resuene y habilite nuevos sentidos para un sujeto, es un efecto del atravesamiento de la castración y una posibilidad de des-atrapamiento de los sentidos que lo dirigen.

Paradoja: Sin sentidos no podemos vivir. Los sentidos nos encarcelan.

Eso habla y luego se dice.

Dice Freud: «Wo es war s.oll ich werden» [Donde eso era, el sujeto debe advenir].[6]

Habrá sido es una temporalidad muy particular, que tiene que ver con la temporalidad del acontecimiento. En la clínica: se sabrá, *a posteriori*, si una resonancia apuntada por el analista hacía eco en alguna verdad, en algo verdadero para ese sujeto. *Habrá sido.*

Verdad-Saber / Psicoanálisis-Ciencia

El sujeto busca saber y el analista está interesado en la verdad. Este sujeto que busca saber es el sujeto cartesiano: dividido de lo que lo causa, buscando saber sobre su verdad, una verdad totalmente distinta a la verdad de los lógicos. No hay verdad por fuera de lo que surge en su decir.

---

6. Freud, Sigmund. «Nuevas aportaciones al psicoanálisis, La división de la personalidad psíquica», en *Obras Completas*, Madrid, Biblioteca Nueva, 1968.

| 25

Este sujeto cartesiano, aunque diga la verdad, puede mentir. La oposición entre verdadero y falso es necesaria en la lógica, pero no tiene lugar en el sujeto. «Yo miento»: este enunciado hace la división del sujeto, del enunciado y de la enunciación. Para el sujeto, la verdad es otra cosa.

La verdad tiene que ver con lo sexual, se orienta hacia el enigma del sexo, hacia esa x. Esa es la única orientación sexual, la x. Esa es la verdad que el sujeto busca todo el tiempo. El analizante cree que el analista se la puede revelar, pero no. Lo que se aprende del análisis es saber hacer con lo imposible.

Para la psicología, en tanto el sujeto busca certeza de su existencia, una certeza de saber, a medida que acumula saber, *es* más. En la psicología del yo, si el sujeto acumula saber, se ubica mejor. El psicólogo le dice al paciente qué le pasa y por qué razón, y el cliente sale más armado. El capitalismo que estructura nuestra sociedad se funda en la acumulación de capital, y el sujeto cartesiano-capitalista se sostiene en la acumulación de saber. El psicoanálisis, por el contrario, dirige al sujeto a conectarse con su deseo: agujerea el saber.

La verdad se dice a medias y va construyendo un saber, saber inconsciente. El que conduce un análisis debe tener en mente todo el tiempo qué implica la verdad. Todos nos hemos sentido impostores alguna vez, como encarnando algo no verdadero. Probablemente porque la concepción de verdad que estamos poniendo en juego no es la del psicoanálisis.

Descartes situó al sujeto cartesiano en relación al saber y se desentendió de la verdad. La verdad se la dejó a Dios. Se desentendió de las verdades eternas que estaban circulando y que obstaculizaban el desarrollo de la ciencia, como que la tierra era el centro del universo y otras nociones sucedáneas. Descartes divide las cosas: deja la verdad a Dios y libera a la ciencia para avanzar respecto del saber. Actualmente, las ciencias se preguntan por temas como las inseminaciones, la reproducción asistida, y muchas nuevas posibilidades de realizar el producto interviniendo en los lazos. Buscan respuestas e intentan resolver problemas nuevos con el viejo método: con el saber, sin la verdad.

La experiencia del análisis nos enseña que no hay producto si no hay deseo; que así como el análisis puede atravesar el obstáculo que hace de la infertilidad un síntoma, es difícil, si no hay deseo, que una técnica lo produzca. Es decir: puede nacer un niño, pero no un deseo de madre.

El sujeto que acude al análisis es cartesiano, pero no es cartesiano lo que se produce en análisis.

El sujeto va al análisis buscando saber; atraviesa la experiencia de castración, que es una experiencia *de lo que no*, y lo que genera sentido y agujero del sentido, pasa por la verdad...; pero se vuelve a armar respecto de su lugar cartesiano, porque sigue siendo sujeto.

El analista, operando con el deseo del analista, esa *x* que permite que la verdad opere, no es sujeto cartesiano. Cuando *eso se dice*, es objeto, no es sujeto cartesiano; es lo que se presta, la voz. ¿Por qué la voz? Porque la voz es un objeto.

El equívoco no es propio del sujeto cartesiano, es la ruptura del sujeto cartesiano. El analista se interesa por la verdad, y esa verdad se dice, se manifiesta en el lenguaje. La experiencia del psicoanálisis es una experiencia de lenguaje, porque la verdad se manifiesta ahí. Esa verdad que se dice, esa que *habrá sido*, rompe el saber, lo agujerea. No tiene nada que ver con el sujeto cartesiano.

El analista, que opera interesado en la verdad, porque sabe que eso genera causa de deseo, va a contrapelo del sujeto cartesiano. El sujeto apoya su existencia en una certeza de goce. La operación (de la presencia) del analista, presentifica un goce perdido; agujerea el saber que sostiene el fantasma.

Esa verdad, que se manifiesta en el decir, se dice a medias. Se dice a medias porque se dice, y como se dice no es una verdad que articule un significante y un significado completo: no es una verdad verdadera, es una verdad, nada más, una verdad que habla de la castración.

Acontecimiento. Sentido

En *Alicia en el país de las maravillas*, y en *Alicia través del espejo*[7], Lewis Carroll trabaja las paradojas del sentido: cómo lo que genera sentido es el sinsentido. Y se pregunta por el origen del lenguaje para cada uno, cómo se articula cada sujeto al lenguaje, a su lengua. Plantea que es a través de acontecimientos, en la medida en que no hay un aprendizaje. Carroll retoma algo que trabajaban los estoicos, la división entre seres, cosas, estado de cosas y acontecimientos. Los acontecimientos tienen esa temporalidad del *habrá sido*, ocurren en la superficie. Esto desmiente de plano aquello del inconsciente como lo profundo. Este malentendido estaba promovido por la geometría que predominaba en la época de Freud, la geometría euclidiana, con la superficie y lo profundo, el adentro y el afuera.

Los efectos de sentido y sinsentido operan en la superficie, en el relato, en lo que se dice. No hay nada profundo allí.

Esto lo toma Deleuze,[8] que desarrolla la lógica del sentido. Retoma el acontecimiento de los estoicos como lo más ligado a la construcción de un sentido, a la verdad que habita un sujeto. Retoma de la lingüística los tres tipos de proposición, que llevan a tres relaciones con la verdad. Una es *la designación*:

---

7. Carrol, Lewis. *Alicia Anotada. Alicia en el país de la maravillas & Alicia a través del espejo*. Edición de Martin Gardner, Madrid, Akal, 1984.
8. Deleuze, Gilles. *Lógica del sentido*, Barcelona, Paidós, 2005.

«Esto es esto o no lo es», cuyo criterio de verdad es «Esto es verdadero o es falso». Es verdadero si hay una imagen, una representación que se ajusta a la cosa representada; si no se ajusta es falso. El segundo tipo de proposición es *el manifestante*, que tiene que ver con el *yo*: «Yo digo esto». Allí el criterio es lo verídico o lo engañoso. Se refiere a quien lo manifiesta. La tercera proposición es *la significación*. Esto tiene como criterio si se ajusta a una relación lógica con los otros conceptos que lo preceden, una significación de verdad.

Como esas tres formas no se correspondían con los efectos de superficie, crea una cuarta: la construcción del sentido. Se produce a partir del sinsentido. El agujero del sentido es el que construye nuevos sentidos. Se trata de marcas de la construcción del lenguaje para cada hablante, que a su vez marcan la construcción del sujeto, de la lengua que habita: los acontecimientos significantes que no tienen sentido en el momento en que ocurren y alrededor de los cuales el sujeto, porque es cartesiano, busca saber y construye saber fantasmático, con los recursos del campo del Otro.

Interior-Exterior

El analista forma parte del concepto de inconsciente y, dado que trabaja con el sujeto afectado por el significante, afectado por el orden del lenguaje, está adentro del lenguaje y sólo puede operar en el interior mismo de la estructura. No hay posibilidad de exterioridad, no hay posibilidad de una interpretación desde el exterior de la estructura.

Y en una segunda vuelta aparece un analista. Esta segunda vuelta está ligada a la posibilidad de leer en lo que se escucha y tomar la palabra; ocurre cuando uno toma la palabra. Cada uno hace su recorrido, su análisis, va disponiendo de significantes; luego toma la palabra, y es allí cuando algo se anuda respecto de la teoría. Esta segunda vuelta ocurre cuando el decir del otro hace eco en los significantes que uno dispone.

La formación del analista tiene más que ver con las formaciones del inconsciente que con la formación profesional.

El sujeto es efecto

No hacemos psicología: nuestro interés se orienta a la práctica con un adolescente que trae sus dificultades; el modo de operar, de intervenir, de interpretar, deriva de nuestra concepción de sujeto.

El sujeto no está en el origen. En el principio (no en el origen) está el acto. El acto es significante y como tal participa de su lógica; se realiza en dos tiempos, o dos vueltas, que Freud nombró como *nachträglich*, traducido al francés como *après-coup* [*a posteriori*]. El tiempo del sujeto, tiempo del acto, nunca es el presente: habrá sido. Cada acontecimiento significante deja una marca que inicia una serie que, en su repetición, da cuerpo a lo que es sólo borde. La repetición hace entrar al cuerpo en las redes del significante y a su vez efectúa un sujeto. El acto es el corte que da lugar al principio, al comienzo de un movimiento de transformaciones.[9; 10]

---

9. Lacan encontró en la Banda de Moebius el modo de apoyar realmente esta idea. Si la construyen podrán advertir que aparenta ser una superficie (cuerpo) cuando es solo borde, corte en doble vuelta.

10. Lacan utiliza el grupo de Klein, grupo cerrado de estructura algebraica de transformaciones, para dar cuenta del montaje gramatical, donde se ordena, siguiendo sucesivas transformaciones, el destino de la pulsión. Estas transformaciones que van del sujeto al objeto construyendo el fantasma, siguen para Lacan la estructura de la metáfora donde un significante sustituye al

Tenemos así un cuerpo, que es pulsional, marcado por el significante: su goce queda afectado.

Se aleja de lo animal, instintivo: su cuerpo no se orienta por los instintos, no hay la certeza macho-hembra. Su cuerpo es, por esto, sexual, afectado por el significante y su lógica: lo tiene-no lo tiene. Pero es recién en la pubertad que se ubicará del lado hombre o mujer.

El sujeto, por ser hablante, es sexuado. Al separar el goce del cuerpo, lo hace pasar por su lógica discontinua: presencia-ausencia, tener-no tener.

Goce fálico que acerca al sujeto un modo de goce que el fantasma articula.

El sujeto se identifica a un significante que conlleva el duelo por el objeto perdido. Se identifica a un significante y no a un significado. La identificación a un significante del objeto perdido orienta el deseo y modula el goce.

El significante que representa al sujeto no sabe lo que representa. Un significante no se puede significar a sí mismo, no tiene su significado en sí mismo. Se puede identificar a una marca, a un trazo. Lo que hace, entonces, es buscar otros significantes, que se ubican en una cadena ya organizada gramaticalmente, el lenguaje. Este otro significante ya está encadenado, forma parte de una frase, tiene su lógica, tiene gramática; es el campo del Otro. El significante que representa al sujeto es el que no está en el campo del Otro, es el que le falta, el que hace al Otro barrado, Otro no absoluto.

Para que un acontecimiento tome cuerpo, precisa de su repetición, de su duplicación.

---

significante reprimido produciendo un efecto de significado. La búsqueda es de la proporción entre el significante reprimido y su producto.

Siempre se trata de la relación del UNO, el significante, con el campo del Otro.

Es allí, en el campo del Otro, donde el sujeto hablante constituye las marcas.

De esta relación resta el **a**.

¿Qué es el **a**? Aquello que escapa a la lógica del significante, que escapa al goce fálico, a la operación de medida. Lo inconmensurable.

Mientras el lactante cuenta más o menos libremente con el pecho materno, no hablemos de paraíso, pero no hay Uno y Otro; es recién cuando se pierde que ese agujero evocará al goce como perdido: ese acontecimiento significante llamado destete marcará una diferencia que hará serie en las sucesivas separaciones. Eso buscará decirse en el lenguaje, buscará su lugar en el lenguaje.

Es porque el objeto **a** se escapa de la lógica significante que es *asexuado*. Solo entra en la dialéctica de la sexuación por el fantasma, cuyo segundo tiempo ocurre en la pubertad.

El objeto **a**, asexuado, causa el deseo y es condición de goce. Es en la pubertad que se articula en el fantasma como del *otro sexo*, el cuerpo del *otro* pasa a ser metáfora de goce. Lo hetero. Como veremos más adelante, lo hetero, el otro sexo, no tiene de referencia al sexo anatómico, aunque este porta rasgos que pueden ser signo de diferencia y por tanto de causa de atracción sexual.

El cuerpo pasa en la pubertad de «perverso polimorfo» a ordenar su goce en relación a un sexo. Proceso de sexuación.

Inconsciente / Sujeto de Freud a Lacan

Lacan adjudica al inconsciente una estructura de hiancia. El significante agujerea lo real, y la falta que hace aparecer produce la hiancia. Así, las leyes del significante operan entre un significante y otro.

El significante, entonces, produce la estructura inconsciente. Arma una hiancia, en la cual se despliega ese sujeto barrado, entre un significante y otro. Al constituirse el sujeto en el campo del Otro, responde a las leyes del significante.

Una de las leyes del significante es que un significante no se significa a sí mismo. Eso hace que el sujeto no sea causa de sí, no sea primero. Al no significarse a sí mismo, requiere de la alteridad, de otro significante. El sujeto va al campo del Otro a buscar su significación, ese es el segundo momento del punto de capitón, el segundo tiempo que hace que el sujeto esté siempre a destiempo. Esa división marca la temporalidad del sujeto: está a destiempo. Cuando se significa, ya fue: lo que ocurrió y lo marcó, que buscó esa significación en el otro significante, ya fue.

En el momento del acto, ese significante daría la apariencia de significarse a sí mismo. No se significa a sí mismo, da la apariencia.

Lacan re-trabaja este movimiento de constitución del sujeto, entre un significante y otro, en los dos momentos que ubica como alienación y separación.

Pensemos en la diferencia entre la represión primaria y la represión secundaria. De ese significante, ese rasgo unario al cual el sujeto se identifica primordialmente, estará siempre excluido. No hay ninguna posibilidad de saber sobre él. Ese es el no saber que lleva al sujeto a buscar el saber en el analista. Por eso hay analista. Si no hay sujeto barrado, si no hay sujeto entre uno y otro, no hay analista, no hay ese lugar.

El sujeto es no-todo.

No-todo organiza la sexualidad del sujeto, una sexualidad fálica. El falo es el significante mayor, porque alude a una falta —hay los que no lo tienen—. De eso se trata el orden simbólico.

El falo es, entonces, valga la letra, el faro. La señal intermitente que en su titilar (luz-oscuridad, algo-nada, falo-castración) orienta al sujeto en su naufragio simbólico.

Si no está el goce fálico, significante de la falta, entonces... hay relación sexual. Imposible. Sucede en las relaciones incestuosas, en las estructuras incestuosas.

Del binomio falo-falta, lógica binaria, hay un resto. De lo contrario estaríamos hablando de máquinas, de ceros y unos. Ese resto es dicho por la verdad. La verdad dice de ese resto, la verdad dice del objeto **a**, la verdad habla de *eso*, habla de la falta.

La verdad es *incontable; toda.*

0 1 2

El 0 es la falta de número: el vacío que resultaba de la incorporación del nombre del padre, padre muerto, identificación primordial, la incorporación de un vacío que hace al cuerpo sensible (sensible a la demanda de la madre) para armar el circuito pulsional.

El 1 es la marca, rasgo unario que inicia la serie, si hay el 2. La serie se verifica en la repetición del 1. «Habrá sido» es el tiempo del acto en que se constituye el sujeto.

Este redoblamiento significante hace al acto.

El objeto no es agujero, es condición necesaria, es el no sin, para que se produzca el montaje simbólico-imaginario.

El acto se realiza en su inscripción: un significante reprimido que, en su retorno, cuando se redobla, se verifica como inscripto.

Pubertad: pulsiones y segunda vuelta

Freud sitúa a la pubertad en relación a los tiempos de constitución del sujeto: se trata de una temporalidad, de algo atinente al tiempo y no al ser. El niño, o púber, o adolescente, resignifica la historia de su sexualidad a la luz del presente.

Cuando Freud dice en *Las metamorfosis de la pubertad*[11], «poner la pulsión al servicio de la reproducción», o que se produce el pasaje del autoerotismo al encuentro por fin con el objeto, está aún convencido de que las neurosis son producto de situaciones sexuales traumáticas en la infancia y no, como descubre *a posteriori*, un desencuentro estructural propio de la sexualidad humana. Es con esto que el púber se encuentra, no con el objeto sino con su falta, ya que no hay relación, proporción, entre los sexos.

Así como el nombre adolescencia pertenece a la psicología o a la sociología, la pubertad es un nombre de la medicina, del cuerpo biológico. Es la irrupción del cuerpo biológico en un sujeto que tiene una realidad estructurada con determinados parámetros y está identificado a un cuerpo infantil. Ahí se produce una ruptura.

---

11. Freud, Sigmund. «Tres ensayos de teoría sexual, y otras obras (1901-1905), Punto III. Las metamorfosis de la pubertad», en *Obras completas*, Vol. VII, *op.cit.*

No son etapas evolutivas, pero suceden en un determinado tiempo. Cuando la relación del lactante es con el pecho, se encuentra en el período oral y su relación con el mundo gira alrededor de eso. Luego, en el primer tiempo, cuando las órdenes sociales comienzan a incidir sobre el sujeto, con el control de esfínteres, está la etapa anal. De allí se pasa a lo fálico.

¿Qué diferencia hay entre estos pasajes y el pasaje de la pubertad?

El goce interpela al niño en su cuerpo: el goce es lo más cercano a lo real porque, si bien está marcado por el significante, dice de algo que está pasando en el cuerpo (cuerpo que, por haber sido marcado por el significante, le es ajeno). El cuerpo tiene que articularse entre las sensaciones y lo que le llega del orden simbólico. Lo que le da consistencia es la construcción de la imagen, imagen especular que a su vez se forma en *otro lugar*, el espejo, a su vez sostenida en la mirada del Otro primordial, aquel que lo sostiene con su mirada que es de deseo: la madre. Se observa el movimiento constante, lo simbólico que agujerea lo real, ordenando la realidad con su lógica, lo Real que irrumpe, vuelve siempre al mismo lugar, hace desconsistir los sentidos articulados por lo simbólico; lo imaginario que viene a dar cuerpo, consistencia.

Freud ubica al niño como perverso polimorfo porque, si bien cada objeto define una posición subjetiva, no lo obliga a ubicarse de un sexo o de otro. Sus ganas de chupar no hablan de que sea mujer ni hombre. En la pubertad el sujeto se enfrenta a una presión del lenguaje. El lenguaje tiene género y presiona: *ser* de un género o de otro. La obligación de acogerse a uno u otro género no está antes de la pubertad.

En la pubertad la sexualidad se encuentra con un niño. Esto evoca el título de la obra de teatro *Despertar de primavera*.

Una tragedia de niños, de Wedekind[12], contemporáneo de Freud. Esta obra fue ya motivo de trabajo.

La pulsión genital «se hace hacer en el campo del Otro»[13]. No es una pulsión que provenga, como la oral y la anal, de una zona de intercambio en el propio cuerpo. Se hace hacer en el campo del Otro, es de otro orden: implica la construcción del fantasma que sostiene un deseo. Ahí hay algo distinto de lo que puede ocurrir en un niño.

El *infans*, antes de que se pueda nombrar a sí mismo como *yo*, es impactado por el significante, está en un orden simbólico. Porque está en el lenguaje le ocurren acontecimientos significantes, pero todavía no tienen ninguna significación. La pubertad es el segundo tiempo, aquel en el que se historizan los diferentes acontecimientos que fueron ocurriendo hasta ese tiempo. En ese segundo tiempo se historiza la sexualidad del sujeto

La imagen del cuerpo va sufriendo modificaciones en función del objeto **a**. Hay un cuerpo en relación a esa falta de objeto oral, el pecho; hay un cuerpo alrededor de la pérdida de las heces, en la etapa anal; hay un cuerpo relativo a lo fálico que pone en juego la amenaza de castración. La pubertad pone en juego otro cuerpo: el cuerpo de la castración y la relación a lo enigmático que representa el otro sexo, el enigma de lo hetero (teniendo en cuenta que hetero puede ser una mujer para una mujer, un hombre para un hombre...; se trata de lo que funciona como hetero para cada sujeto).

Sujeto, marca, acontecimiento: sujeto

En el estadio del espejo, el niño se observa en el espejo: esta dualidad especular, de ida y vuelta, precisa del

---

12. Wedekind, Frank. (1891), *Despertar de primavera*, Buenos Aires, Quetzal, 1991.
13. Lacan, Jacques. *Los cuatro conceptos fundamentales del psicoanálisis*, *op.cit.*

consentimiento del Otro primordial que lo mira y le confirma que ese es él. Esa mirada representa el orden simbólico. Entre lo imaginario y lo simbólico se monta la imagen del cuerpo, del *yo* corporal.

Cuándo el seno, eso que conecta al hijo con la madre y que luego cae como objeto, se pierde, es objeto **a**. Siempre el objeto **a** es el objeto perdido, nunca es un objeto concreto. Es una letra, y la letra es lo que rodea el objeto. La letra es la marca, los restos de los significantes que fueron, como acontecimiento, marcando el cuerpo.

Un sujeto se produce cuando se subjetiviza el acontecimiento. El acontecimiento tiene carácter significante, pero si no se articula al resto de los significantes, queda en lo Real. Si no se articula a la cadena, no se articula al Otro, no hay proceso de subjetivación: algo queda ahí, pero no subjetivado.

¿Y cómo se liga un significante?

Mediante el no saber. El no saber es lo que empuja a ligar un significante con otro.

Aparece un signo: en la pubertad aparece algo, un signo en el cuerpo; las ganas, la eyaculación, lo que sea. Esta aparición tiene una carga energética; si no se articula a otro significante, queda desligada. Aparecen compulsiones.

La compulsión es un buen ejemplo de algo que no se subjetiviza.

Un acontecimiento busca su inscripción en el orden simbólico. Para que esta inscripción se produzca, tiene que haber un llamado a inscripción, una demanda.

Cuando el Otro lo resignifica, el acontecimiento entra en las leyes del significante. Eso traumatiza.

El hambre de signo es buscar la información que tiene el acontecimiento: qué me informa, de qué me habla este acontecimiento.

Es en el equívoco donde se puede registrar que algo de la verdad del sujeto agujerea el saber. El equívoco, vinculado a la castración, produce un significante que representa a ese sujeto y que no estaba en el saber precedente: rompe ese saber. Ese agujero, ese sinsentido es promotor de sentido, es lo que genera nuevos enlaces.

Allí se da un efecto sujeto: algo de la verdad se dice, y se produce un anudamiento entre lo Real, lo Simbólico y lo imaginario (RSI), condición necesaria para el deseo y para el goce.

La función de la interpretación en el análisis apunta a eso.

RSI: anudamientos y agujeros

Cuando hay un problema en la represión primaria, en la identificación primaria al nombre del padre, no hay agujeros sino vacío. En ese caso el sujeto, en lugar de enfrentar la amenaza de castración, padece el terror de la disolución.

El terror de la disolución es habitual en la pubertad: porque algunas cosas no han definido su agujero, o los objetos no han caído como pueden hacerlo, la relación con la madre se extendió o el padre no operó. Se arma entonces una consistencia que tapa el agujero, porque el agujero es donde se podría disolver.

Si no hay agujero entre lo simbólico y lo imaginario, no se pueden anudar. ¿Por qué no se podrían anudar? Porque en alguno de los dos hay una consistencia. Porque hay algo de la castración que no está operando. Frente al terror de la disolución, para no mirar hacia el vacío infinito, se cubre con algo. Si lo simbólico y lo imaginario no se pueden anudar y generar el espacio para crear sentidos, lo que aparece es el delirio.

El delirio es una certeza. La certeza delirante suele aparecer en la adolescencia como una manera de cubrir lo que no se pudo constituir: el fantasma.

El empalme

El empalme *es*: dos cosas que están en continuidad a raíz de un aditamento o puente.

El empalme se produce en una situación traumática.

No se trata de una sutura (como podría ser un síntoma) sino de algo que se vuelve lo mismo. Puede suceder, por ejemplo, que junte lo imaginario y lo simbólico, que están desanudados. El empalme produce que se vuelva todo de la misma consistencia: la consistencia imaginaria, como en el caso de la paranoia.

El corte que produce el acto anuda lo Real, lo Simbólico y lo Imaginario. En una situación traumática no hay acto: se desarma lo que está armado y las partes sueltas se empalman.

Ocurre por la inadecuación entre el goce del cuerpo y aquello a lo que el sujeto se identifica, cuando no soporta esa inadecuación porque no tiene los significantes apropiados para soportarla.

¿Qué sucede cuando no se tolera que no todo se puede saber? Aparece la certeza delirante. Por ejemplo, la aparición de la erotomanía en una histérica (hombre o mujer): favorece la generación de deseo en el Otro, cierta relación, pero no desde el fantasma sino desde la certeza delirante.

La certeza hace ese empalme. La certeza elude el equívoco, no *soporta* la castración.

¿Evolución? ¿Metamorfosis?

La pulsión siempre gira alrededor de una falta de objeto, no evoluciona.

¿Por qué razón se pasa de una etapa a otra si no es por evolución, si no es por progreso? ¿Por qué se pasa de oral a anal, de anal a fálica? ¿Por qué, luego, lo que falta se sitúa en el otro sexo?

Por la fuerza de la demanda del Otro.

El *comeme* en la etapa oral; la cultura cuando hace que el niño tenga que hacer pis y caca en un determinado sitio. El movimiento de demanda que ahí se produce genera la falta del objeto. Entre la demanda de la madre y el niño que le demanda el alimento, entre el *comeme* y la necesidad de alimentarse, se va cavando un agujero, porque no hay ningún objeto que pueda suturar esa doble demanda.

Llegada la pubertad, ¿cuál es la demanda del Otro, para pasar a ese agujero? Algo de la castración opera en ese momento: pierde la totalidad corporal, esa morfología de totalidad, perverso polimorfo que podía gozar con su propio cuerpo.

El cuerpo del otro, metáfora del goce perdido, es promesa de satisfacción. Se establece una falta, como en todas las etapas anteriores, que tiene la forma de la genitalidad. Pero la reproducción no es el motor del humano: la castración, que lleva a la prohibición del incesto en el Edipo, encuentra su segundo tiempo en la pubertad. Cuando lo prohibido se vuelve realizable, la prohibición genera el agujero; ese agujero causará el deseo del otro sexo.

Todos los estadios anteriores se referían a agujeros en el propio cuerpo: la boca, el ano, los ojos, el oído; en el período fálico, la castración comienza la diferenciación niño-niña, hay el que lo tiene y hay el que no lo tiene, pero el goce se concentra en el falo (pene o clítoris). En relación a la genitalidad se trata de una estructuración imaginaria y simbólica, fantasmática, que sostiene el deseo más allá del principio del placer, del goce del cuerpo que busca satisfacerse.

Operar: intervenir, interpretar

No hacemos psicología: nuestro interés se orienta a la práctica con un adolescente que trae sus dificultades; el modo de operar, de intervenir, de interpretar, deriva de nuestra concepción de sujeto.

La interpretación no tiene que ver con la comprensión, porque no está ligada al sentido. El lugar común que podría describirse con el enunciado *comprendo cuál es el sentido oculto de lo que se está diciendo*, ha sido destituido. La función poética de la intervención no apunta al sentido.

La interpretación, alejada de la comprensión, puede acercarse a la traducción de un poema, o a la ejecución de una pieza musical, donde el traductor o el intérprete hacen pasar algo del goce del autor.

El autor del poema o de la partitura se desprende de algo, que pasa al que lo escucha a través de un intérprete.

La obra del autor, así como el discurso del analizante, se desprende, es decir que ya no le pertenece y que nunca podrá ser, para nadie, tal como era en su imaginario antes de darle lugar en el mundo. Por eso el intérprete, tanto el musical como el analista, al hacer lo suyo (*hacerlo suyo*) produce un corte que conduce al artista a atravesar la castración, despojándose de su obra/discurso y reencontrándola como espectador.

Así, como en la música el intérprete es un mediador entre el compositor y el público, lo es también el analista, con la salvedad de que compositor y público son el sujeto escindido en el análisis.

El sujeto está en el corte. Se organiza en la lógica significante, se incorpora a la lógica binaria, simbólica, del tener-no tener por la incidencia del lenguaje; a partir de ese momento, el goce pasa a ser goce fálico.

Siempre hay algo que se escapa, hay un goce que escapa a la acción del significante. Allí aparece el lapsus, el equívoco, el chiste, el sueño.

Claro que el sujeto no puede habitar esa lógica discontinua, ya que implicaría enfrentar la castración permanentemente. Esa discontinuidad tiene que ser sostenida por algo. Es el fantasma el que sostiene: sostén del deseo, construye continuidad. Esto es: el fantasma provee de argumento al deseo, el deseo genera continuidad y esta continuidad da sentido a la realidad.

El fantasma es la gramática que da apariencia de articulación entre el sujeto y el objeto.

Tal como los psicoanalistas construimos la teoría, el sujeto se constituye sorpresa tras sorpresa, y así va construyendo sentido. El sentido tiene una faz de sostén, que permite la vida, pero a la vez atrapa, encierra; encerrado en los sentidos, el sujeto del fantasma no tiene la posibilidad de moverse hacia el objeto de una manera que no sea la que ya se ha establecido fantasmáticamente. Ahí es donde el corte, como el que produce la interpretación, vacía los sentidos y facilita la creación de sentidos nuevos.

Resonancia: significantes en el cuerpo

¿Cómo es que un significante entra en el cuerpo de un *infans* y hace de un sujeto un *parlêtre*, alguien que pierde su ser y que transforma su acontecer en un efecto de esos significantes sobre su cuerpo?

El *infans* entra al orden simbólico por el ritmo.

El ritmo marca el corte de una manifestación sonora, permitiendo que lo que se escucha impacte en el cuerpo. Allí late la idea de continuidad cuerpo-lenguaje, en la resonancia: cuando se produce esta puntuación, el cuerpo resuena.

Lacan decía que la característica del humano es que puede diferenciar los sonidos, y que al diferenciarse esos sonidos toman valor significante.

¿Es posible la música en el ruido del mundo al que sale el *infans*?

Tal vez no, tal vez no exista la música cuando nada ordena el ruido. Tal vez recién con la distinción de sonidos aparezca un ritmo que haga cortes en el mundo del ruido o en el ruido del mundo.

Debussy se preguntaba por las marcas en la carne que dejaba el ruido del mundo antes de ordenarse en un lenguaje musical.

Didier Weill fue invitado por Lacan a dar dos reuniones en el seminario de *L'Insu*; en una de ellas habló de la pulsión en relación a la escucha y de un goce estático al fin del análisis; la noción de estático es crucial respecto del tiempo y del espacio.

Cuando el *infans* comienza a distinguir los sonidos, algo se inscribe como ritmo: el ritmo del corte que incorpora la idea de la repetición. El ritmo instituye el tiempo y el espacio. El *infans* puede distinguir una voz determinada, una forma específica de aparecer de la madre, por ejemplo. Un sonido que ya puede incorporar la ausencia, la presencia. Eso es lo que orienta la escucha hacia las palabras. Las palabras luego van a ir recortando ciertas significaciones, pero su valor significante es previo a la significación. El valor significante está en la diferencia entre un sonido y otro. De algún modo, habría en el ritmo un ordenamiento simbólico que incluye el tiempo y el espacio y que es previo a la significación, pero no al significante.

Sí: el cuerpo entra en el orden simbólico a través del ritmo. Se afirma en el. Afirma y niega.

El silencio se construye entre dos sonidos, entre dos golpes. Entre dos golpes se genera una expectación que construye un mundo, con una espacialidad y una temporalidad propias.

La tos del espectador: esa incomodidad sonora que aparece en el silencio, ya sea en un intervalo o en el silencio que precede al comienzo de la obra o de un movimiento.

El ritmo hace entrar al *infans* al orden simbólico, y ese corte instala un tiempo y un espacio. No son espacio y tiempo a priori, como planteaba Kant.

En el universo kantiano no existe la tos.

El niño nace a un mundo caótico e indiferenciado donde reinaría el goce absoluto, sin límites. En ese tiempo, el significante opera. El *infans* entra en su lógica, pero queda un resto. Ese resto, que escapa a esa lógica, es el plus de gozar. El significante hace entrar al *infans* en el mundo del goce fálico, el goce con límites, el de la prohibición, el de la amenaza. Es ese el goce en el que se incorpora el cuerpo del sujeto. El plus de gozar es el objeto **a**, es el objeto causa de deseo, inalcanzable por el significante.

Esto nos lleva, junto a Lacan, a sostener que el sujeto humano es efecto del lenguaje, que no hay nada antes, solo *a posteriori*. Las series numéricas en las que Lacan se introduce lo llevan a su vez a determinar dos modos de goce producto de la irrupción del lenguaje en el *infans*. El goce fálico, ordenado por la lógica significante y el goce del objeto, lo inconmensurable, indivisible, es decir lo que escapa a la lógica significante. El arrullo amoroso de la madre, que ocurre a un ritmo, introduce un orden simbólico que deja un resto, eso que se busca por la vía de la repetición de los significantes hasta ahora aportados. Nunca se encuentra porque no está allí, se escapa cada vez.

El cuerpo, el goce, el deseo

El objeto **a** remite a la pérdida de goce, tanto en el Otro, que pierde el todo del goce absoluto, como en el sujeto, que deja de portar un cuerpo instintivo: a partir de que el significante opera, el cuerpo no sabe más sobre su objeto. El significante engañoso hace que el sujeto pierda el cuerpo instintivo, ese cuerpo que *sabe* sobre su objeto.

Luego de que el significante divide el goce del cuerpo, el goce en el *parlêtre* es el goce fálico: el goce que se ordena según la lógica del significante, tener-no tener, presencia-ausencia.

El cuerpo atravesado por los significantes del Otro no es *mi* cuerpo. ¿En qué cuerpo reside entonces el goce? En ese cuerpo que me esfuerzo por ser Yo [*moi*], pero que me es ajeno por estar ordenado por significantes; una mujer, por no estar ordenada toda en esa lógica, podría decir: gozo.

En el campo del Otro, el campo del lenguaje, se produce un corte del que se extrae el sujeto; de esa operación se produce un resto: el objeto **a**.

A este resto Lacan lo ha trabajado como la libra de carne, la circuncisión, algo que se sacrifica del cuerpo y queda como resto no especularizable, y por lo tanto no forma parte, se sustrae de ese campo donde el sujeto construye su imagen en relación al Otro. Es, en definitiva, lo más íntimo de un sujeto.

Lo que produce más extrañeza resulta ser lo más familiar, lo más íntimo.

El sujeto es sujeto de deseo, no sujeto de goce: el goce reside en otro lugar, en el cuerpo. ¿Es posible que el sujeto pueda gozar? Lacan dice que, habiendo atravesado la experiencia de castración en el análisis, el sujeto goza. ¿De qué goce se trata? ¿Por qué vías accede a ese goce? El *a* representa, simboliza, el goce perdido.

La pulsión es la búsqueda de satisfacción y se satisface en su circuito, no en el objeto. Cada pulsión tiene, en cada plano, su deseo, así como en el plano escópico está el deseo de ver. En ciertos casos el pasaje de la pulsión $<>D al deseo sostenido en el fantasma $<>a queda suspendido, inhibido. Un ejemplo es el obsesivo en el que el deseo genital no se despliega, queda inhibido. Dado que el deseo genital pone en juego la falta, y la castración debe operar para acceder a la satisfacción, el obsesivo se refugia en el deseo de retener, en el plano anal, para negar la castración.

Lacan pone como ejemplo de un deseo inhibiendo a otro, el calambre del escritor. La inhibición es la detención de un movimiento en relación a una función; para escribir se necesita que la mano realice determinados movimientos.

El sujeto es de deseo, el goce es de *un* cuerpo. ¿El cuerpo está totalmente tomado en la trama del Otro o hay posibilidad de hacer algo con esas marcas que implique separación?

Siempre algo escapa. Plus de gozar.

Tres tiempos del sujeto.
Construcción del fantasma

En el primer tiempo *hay el mundo*.

En el segundo, se monta una escena: la del orden simbólico, a la cual se suben todas las cosas de ese mundo para ser dichas. El montaje de esa escena constituye al Otro simbólico.

El tercer tiempo es aquel en que el sujeto hace una escena sobre la escena. Eso es el fantasma.

El objeto perdido aparece representado por el pecho, aquello que conecta al *infans* con el Otro, pero sin que el Otro esté funcionando como tal. Ese objeto es un objeto perdido, pero no está significado como faltante.

El período anal es el comienzo de la subjetividad; comienza la subjetivación ya que se inicia su relación a la demanda del Otro: «retené»[14], «soltá»[15], y todo lo vinculado al movimiento que se realiza entre el Otro primordial y el niño.

En la etapa fálica, en el momento del Edipo, el objeto cesible, en este caso el falo, se inscribe como falta. Recién allí aparece la castración, por ende, el deseo que en esa

---

14. Argentinismo equivalente al modo imperativo del verbo retener que significa: reten tú)).
15. Argentinismo equivalente al modo imperativo del verbo soltar que significa (suelta tú)).

primera vuelta resignifica las pérdidas habidas en términos de objeto de deseo.

¿Y el deseo oral, y hay deseo anal? Se resignifican a partir de ese tiempo, cuando comienzan a ordenar una escena fantasmática para ese sujeto. Sujeto, claro, en tanto corte.

El montaje de la escena sobre la escena del mundo se da en la doble vuelta del significante, a raíz de la repetición significante. Allí el sujeto se extrae, y aparece como corte de ese mundo Otro, del mundo simbólico. Esto hace de marco al fantasma.

El corte del Otro es la castración misma; el sujeto como corte es la castración: por eso el sujeto es de deseo. Una vez que se produce, cuando algo de la castración aparece, hay señal de angustia y se construye fantasma.

En la primera vuelta aparece el falo inscripto como objeto faltante: es la primera vez que el objeto perdido falta. En la segunda vuelta tiene lugar el acto: el acto efectúa un sujeto; cada vez que eso ocurre, se construye fantasma.

La causa de deseo es el resto, es lo perdido, es lo que falta. El fantasma soporta esa falta.

El sujeto habla. Habla sin saber, siempre dice más que lo que sabe. Eso lo ubica en el discurso como sujeto del verbo: *yo hablo*, no soy. El sujeto parlante, por ser parlante, no es; el modo del ser del sujeto parlante es el para-ser.

El sujeto está regido por la lógica significante que, a su vez, tiene dimensiones.

El acto es corte. El corte es un punto: esa es la dimensión cero.

La línea corta la superficie: dimensión uno. Allí está el significante que no se significa a sí mismo.

La superficie corta el espacio.

El espacio es la tercera dimensión, efecto del corte que la superficie hace sobre el.

La cuarta dimensión es el tiempo.

En estas cuatro dimensiones se mueve el sujeto.

El punto y la línea constituyen la lógica binaria (0 y 1). Eso es lo propiamente simbólico.

Al incluir la superficie, dimensión 2, incluimos lo imaginario. Cuando incluimos el espacio, dimensión 3, incluimos lo real.

La historia de un sujeto es una continuidad marcada por discontinuidades. La discontinuidad es la repetición significante. Lo que da consistencia y permanencia al relato del sujeto es el deseo.

El deseo se sostiene en el fantasma. El fantasma *no es* causa de deseo, es sostén del deseo que está causado por la falta de objeto. Sostiene velando esa falta y produce esa continuidad.

Como la falta se desplaza, y es inalcanzable, el sujeto promueve un artificio, un argumento para seguir avanzando: la estructura fantasmática. El fantasma es la ficción que entrama al sujeto y el objeto, dejando una posibilidad de acceso. *Prêt-à-porter*, listo para llevar, permite hacer algo con la falta. Por supuesto, a la vez que sostiene al sujeto deseando, lo atrapa. Lo sujeta, manteniéndolo unido a su ilusión de objeto.

Corte y agujero

En la topología se observan dos elementos fundamentales para el psicoanálisis: el corte y el agujero.

La Banda de Moebius tiene un solo borde, rodea un agujero, pero no divide adentro y afuera. El espacio en el que se mueve el sujeto es un espacio moebiano. El adentro y el afuera se efectúan por un corte de la banda.

El significante, que no quiere decir nada, impacta en el sujeto; luego el sujeto se mueve, buscando otros significantes que le permitan encontrar una significación para ese enigma.

En lo real no hay falta, por consiguiente, allí no hay deseo. El lugar de la falta (tener-no tener) es incorporado por lo simbólico, el ordenamiento que promueve la lógica del significante. De esta operación queda un resto inconmensurable, es decir, que no puede ser medido con los recursos que provee lo simbólico, los únicos recursos con los que cuenta el sujeto. Por eso el sujeto no tiene acceso a ese objeto perdido. A lo que puede tener acceso es al agujero, al borde, a lo que marcó el ordenamiento simbólico, que generó esta pérdida.

La operación analítica apunta a un vaciamiento del significado, al equívoco, a la sorpresa, porque esto produce efecto sujeto. Es en ese efecto sujeto donde alguien que se inscribe como hombre o que se inscribe como mujer puede tener alguna posibilidad de goce.

Lo real ex-siste al montaje entre lo simbólico y lo imaginario. La ex-sistencia es lo contrario a la existencia: lo que ex-siste es lo que está en otro lugar, está por fuera, pero es necesario para que los otros elementos funcionen anudados.

Cada registro tiene una condición: agujero simbólico, consistencia imaginaria y ex-sistencia real.

Entre lo imaginario y lo simbólico ubicamos el sentido; entre lo real y lo simbólico, el goce fálico; entre lo imaginario y lo real, el goce del Otro.

El goce fálico delimita (garantiza) el agujero en relación al goce que no hay: *no hay relación sexual.*

El sentido, si se construyó como inscripción equívoca de un acontecimiento, también garantiza un agujero. El sinsentido está garantizado por el sentido: ahí hay un agujero, porque el sentido se puede romper. Si se construyó como certeza paranoide, por ejemplo, no se puede romper, solo a costa de romper a quien lo porta.

El Otro también es agujero: es un conjunto vacío, un lugar al cual van los significantes a inscribirse. Si hubiera goce del Otro no habría inscripción posible.

Identificaciones

El *parlêtre* no se identifica a imágenes sino al rasgo.

La identificación primaria es la identificación al padre muerto, antes de cualquier elección de objeto, antes de la división sujeto-objeto. Antes de que el sujeto se identifique como el que habla, está en el lenguaje. El padre muerto no es una presencia imaginaria, no es una imagen del padre sino una ausencia de cuerpo. Lo que incorpora es un vacío. En ese agujero se arma la realidad de cada sujeto, entre un significante y los otros significantes; es un vacío que no se puede suturar con nada.

La segunda identificación es la identificación al rasgo unario.
¿Por qué uno elige algo como objeto de deseo o se identifica a ese objeto?
En relación a la madre y a la homosexualidad: ¿por qué la madre, que es el primer objeto de deseo en la mujer, después se sustituye, se desplaza? ¿Qué es lo que hace que yo mire a mi madre, me enamore o la desee, o quiera ser como ella? ¿Qué es lo que produce este corrimiento de objeto de deseo a identificación al objeto? En el hombre, la prohibición del incesto, en la mujer la frustración, nos diría Freud.

La tercera es la identificación histérica: de un deseo a otro deseo.

Que el sujeto sea sexuado porque habla, que haya resultado de la elección forzosa (la bolsa o la vida) no resuelve la disyuntiva a la que se enfrenta en la pubertad. Hay dos sexos, que se definen por yuxtaposición de sus nombres, dando la apariencia de complementarios: damas y caballeros.

No hay relación sexual: las categorías biológicas de macho-hembra, extensivas en el humano a hombre y mujer, no engendran una relación. No hay un hombre que desee a todas las mujeres, solo a algunas; lo que causa al sujeto es un rasgo en el objeto, que lo identifica como deseante.

Las identificaciones proveen un marco al fantasma, y este sostendrá al deseo, permitiendo un goce posible para el sujeto.

El fantasma es un montaje de lo simbólico y lo imaginario. Este montaje se realiza a través de sucesivas transformaciones entre el campo Otro (en el que el sujeto está alienado, pues es de allí de donde toma los recursos para su existencia), el UNO y el resto inconmensurable, el **a**.

La construcción del fantasma se realiza con leyes sintácticas, es decir, sin sentido externo, sin significado; la gramática inconsciente del fantasma dirige las transformaciones entre el sujeto y el objeto, que encuentran en la pubertad un punto de corte.

Tres condiciones para la construcción/ montaje del fantasma.

1. La identidad: lo 1, incorpora la medida; puede ser mensurable. Es, elementalmente, la búsqueda. Aquí el falo da la medida.

2. La apariencia de ser: da un sentido y apariencia de 1 al sujeto. Cada signo tiene su opuesto; cada transformación tiene su inversa. Con la primera transformación se pasa al opuesto, con la segunda transformación se retorna al 1.

3. Si hay dos transformaciones, hay permanencia. Apariencia de identidad.

Esto es pura sintaxis.
Esta es la gramática del fantasma.

La estructura del lenguaje sostiene un tipo de transformaciones determinadas, no infinito: esa gramática es lo inconsciente.

Lacan utiliza para dar cuenta de estas transformaciones entre el sujeto y el objeto lo que en teoría de grupos es el Grupo de Klein, para mostrar las transformaciones en el terreno de lo simbólico, terreno en el que se constituirá el sujeto. Allí vemos cómo se regulan las transformaciones dentro de esta estructura, por ejemplo: ver-ser visto; dando como resultado, por un lado, la realidad del sujeto y su deseo sostenido en el fantasma, y por otro, el lugar que ocupa la transferencia en un análisis, en estas transformaciones.

La realidad en el análisis

Si la realidad en la neurosis es fantasmática ¿por qué algunas realidades son más neuróticas, más realidades, y otras menos, como la psicosis?

¿Sobre qué operamos? Sobre la realidad. La que nos acerca lo Real.

¿Qué es la realidad? La realidad es el fantasma.

¿Qué es el fantasma? Un montaje entre lo imaginario y lo simbólico. Porque no hay identidad de percepción, porque no hay equivalencia entre lo que yo percibo y lo percibido, porque Yo no soy Yo es que hay fantasma.

«Yo soy yo» no tiene sentido. El no sentido es lo que construye el sentido. Eso es importante para nuestra operatoria: no se trata de dar sentido sino de puntuar o repetir las cosas que no tienen sentido; así es como se construye: se construye realidad y se construye sentido.

El análisis se desarrolla en transferencia: no hay posibilidad de interpretar (sostener ese corte) si no hay transferencia. Para que haya posibilidad de interpretar, a su vez, el analista debe poder abstenerse de su fantasma y de su propia lengua; y para acceder a esta abstinencia es imprescindible la experiencia de su propio análisis, esa que le permite en cierto momento estar por fuera, en el punto impropio, sosteniendo la estructura sin poner en juego su fantasma. Eso hace deseo de analista.

El análisis en transferencia transcurre en relación al decir. No se analiza sobre lo escrito, por ejemplo, porque el escrito está ligado al resto; es algo que precipitó, ya es un objeto, no puede ser efecto sujeto.

El efecto sujeto aparece en el decir y está relacionado con el sonido.

Objeto *a*

La dialéctica del amo y el esclavo. Esto es utilizado por Lacan para ubicar la relación del S1 (significante 1) amo en el discurso del inconsciente, con el objeto **a**, que escapa a su dominio.

En el Seminario 17, *El reverso del psicoanálisis*[16], Lacan desarrolla los cuatro discursos. El discurso del Amo o del inconsciente está comandado, dirigido por el S1. El significante que representa al sujeto para otros significantes. Este significante domina este discurso, es amo.

El amo domina todo el hacer del esclavo, domina todos los aspectos de la vida del esclavo, menos de lo que goza: sobre eso no puede tener ningún dominio. El significante, la estructura simbólica que aporta, ordena al sujeto en una vida vivible, permite hacer lazos. Pero sobre los goces, el goce oral, anal, fálico, sobre los objetos con los que goza un sujeto, no tiene dominio.

El **a** escapa al dominio del significante-amo, sus órdenes y sus lazos.

En esa emancipación aparece el equívoco, el fallido. Es *eso* que habla, que busca ser dicho, pero no está instalado en la cadena, no está en el Otro. La lengua tiene esa posibilidad, esa característica: es equívoca. Si la lengua fuera un código,

16. Lacan, Jacques. *El reverso del psicoanálisis*, Seminario 17, Buenos Aires, Paidós, 1992.

no tendríamos salida. Pero tenemos salida: un goce civilizado, acotado.

El goce civilizado: la mama, las heces, tienen función fálica; no son el objeto caca, no es el objeto mama, están ordenados por el significante que acota el goce. Pero siempre algo se escapa, uno-amo nunca se puede satisfacer del todo.

La pubertad
es un acontecimiento estructurante

Ocupa un lugar especial en la construcción del espacio y el tiempo para el sujeto parlante; lo que ocurra en la pubertad, y cómo ocurra, va a incidir en la neurosis del sujeto. Es allí donde el objeto, inadecuado, que hace del cuerpo del niño «perverso polimorfo», se metamorfosea en el *otro* sexo, perdiendo así el acceso directo al objeto de goce. Será el amor, el deseo, la seducción, el instrumental para conseguir algo de la satisfacción. Demorando el encuentro como el obsesivo, eludiéndolo como el fóbico o marcando al otro su incapacidad para dar satisfacción, en la histeria. Esto en el terreno de la neurosis. Si la castración es renegada, no hay metáfora de goce en el cuerpo del otro, ni búsqueda vacilante de lo que se desea, hay saber sobre el goce, sobre lo que produce la satisfacción y allí entramos en el terreno de la perversión. También podemos ubicar lo que la clínica nos muestra, los desencadenamientos psicóticos en la pubertad, cuando la falta simbólica no opera.

Los desencadenamientos psicóticos que se producen en la adolescencia no se podrían explicar si se pensara en un desarrollo lineal del sujeto, donde alguien que parecía neurótico, *de golpe* se psicotiza. Esto no se dirime entre el nacimiento y el Edipo, sucede en la pubertad.

La relación entre el objeto **a**, en tanto indica la falta de goce, y el Otro, como lugar donde se ordena el saber, aparece reflejado en la curiosidad sexual; el modo en que esta relación se produzca condicionará la neurosis de un sujeto. En el seminario *De un Otro al otro*[17], Lacan, refiriéndose al momento en que este drama estalla, lo ubica como lo que ocurre «cuando se necesita que el joven sujeto responda a los efectos producidos por la intrusión de la función sexual en su campo subjetivo».

Más allá de que en la infancia podamos encontrarnos con identificaciones masculinas o femeninas en los niños, su sexualidad polimorfa no los impulsa a la diferenciación de sexos; es la posibilidad de la reproducción, la función sexual la que impulsa a buscar una salida de la realidad de los padres, de la endogamia que haría posible, ahora sí, la realización del incesto en su doble vertiente.

Siempre que hablamos, en psicoanálisis, de pubertad, tenemos que poner en situación lo que pensamos sobre el tiempo y su incidencia sobre el sujeto. Nos referimos a la relación entre el tiempo lógico y el cronológico.

La pubertad biológica, algo que ocurre casi indefectiblemente entre los 11 y los 14 años, impulsa al sujeto a precipitar una conclusión sobre sí: soy hombre o soy mujer. ¿Qué quiere decir que lo impulsa? Los caracteres sexuales secundarios irrumpen, quebrando el marco que hasta el momento encuadraba una imagen del cuerpo, imagen infantil que sostiene la sexualidad polimorfa. Para no sumirse y perderse en el vértigo que provoca esta irrupción, debe asumirla como propia, identificación que implica una novedad: no soy más aquello, soy esto. Esta identificación se

---

17. Lacan, Jacques. *De un Otro al otro, op.cit.*

sostiene en un acto que deja marcas. Por supuesto, esto no sucede totalmente a solas, sino en compañía de las marcas previas de su relación edípica, por un lado, y de la cultura que acompaña al púber, ofreciéndole parámetros para armar sus identificaciones y operar su elección, por otro.

Pero no podemos pensar al tiempo cronológico sino es a partir del acto. Este acto, esta definición sobre sí, implica la repetición de la conflictiva edípica.

Freud ubica a la pubertad como el segundo momento lógico en la constitución de la sexualidad: en un pie de página de su historial del Hombre de los lobos ubica a la pubertad como el momento en el cual se historiza la sexualidad del sujeto a la luz del presente. Se deduce de esto que es un momento estructurante. Es uno de los momentos en que podemos ver cómo el tiempo cronológico apresura al sujeto en su definición sexual.

La re-novación de la problemática edípica implica la construcción del fantasma con las marcas que esta ha dejado en el sujeto. Se trata de un momento estructurante, pues la construcción del fantasma lo va llevando a nuevas modalidades de goce: pasa de vivir la realidad de sus padres a construir su realidad.

El sujeto se constituye alienado en el Otro, el proceso de separación implica la construcción del fantasma; esta construcción conlleva el armado del horizonte.

El Horizonte

«Te proporcionaré la ocasión de ampliar tus horizontes de un modo fabuloso… Haré que sin excepción conozcas todo lo interesante que el mundo encierra…». El Enmascarado en la última escena de *Despertar de primavera*, de Wedekind[18].

---

18. Wedekind, Frank. *Despertar de primavera, op.cit.*

En la escena que transcurre en el cementerio, Melchor se debate entre seguir al fantasma de su amigo suicida que le dice: «Si me tiendes la mano reventarás de risa al darte cuenta de tu estado de ánimo». ¡Podrá ver-se! No hay allí pérdida, no hay castración y por ende no hay horizonte.

Algunas ideas geométricas para armar el horizonte

El horizonte es un montaje de lo simbólico que da marco al imaginario generando el espacio que habitamos.

Plano Proyectivo

Hasta que aparece la geometría proyectiva, el espacio, Kantiano, suponía una geometría que se apoyaba en el espacio. El espacio era a priori. A partir de la geometría proyectiva, aparece la idea del objeto geométrico, es decir, que el objeto genera el espacio. ¿Cuál es el movimiento que allí se produce? Sintéticamente el primer movimiento que constituye el campo del Otro (equivalente a la represión originaria) y el segundo movimiento o vuelta, cuando al desprenderse el objeto, se constituye un sujeto alienado en el campo del Otro y separado de lo que lo causa.

Recordemos *La carta robada*[19], era la carta, la letra, la que ordenaba el movimiento de los participantes, es decir, configuraba el espacio.

Es interesante ver a través del ejemplo, planteado por Erick Porch, donde un grupo de niños hacen su aprendizaje de las letras, el pasaje del grupo de Klein a la Banda de Moebius.

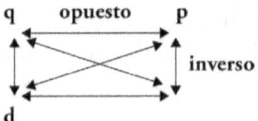
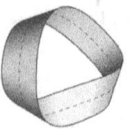

---

19. Lacan, Jaques. «El Seminario sobre *La carta robada*», en *Escritos 1*, *op.cit.*

Si inscribimos una **p** en la Banda de Moebius y damos una vuelta, nos encontramos del otro lado de la banda y por transparencia leeremos una **q**, si damos la segunda vuelta nos reencontramos con la **p**. Cuando el niño escribe por primera vez la p, la escribe en espejo, desde el campo del Otro, luego se identifica allí y la escribe desde el, volviendo la letra a su punto de origen. En la primera vuelta tenemos la alienación al Otro, si doy dos vueltas, lo que queda es la marca de que el sujeto se constituyó en el campo del Otro, es la marca de la alienación, pero también de la separación. La identificación permite la separación. Decía que esto era equivalente al grupo de Klein en tanto este Grupo de transformaciones, por una operación que se denomina involutiva, transforma un objeto en su opuesto o inverso y aplicándole la misma operación al producto se vuelve al primero. Lacan plantea que el significante tiene esa característica involutiva; viene del Otro y vuelve, en un proceso que tiene que dar dos vueltas para que se vuelva al punto de salida y deje marca. Punto que constituye la marca de lo radicalmente perdido.

Pasando al Plano proyectivo, una de las propiedades de esta superficie es que no es orientable. El *infans* no tiene cómo orientarse en el mundo en el que aterriza y precisa de esas marcas para que esta orientación se pueda producir.

Voy a plantear rápidamente algunas propiedades del Plano proyectivo que me permitirán derivar a la perspectiva y a la cuestión del horizonte.

El PP es una superficie cerrada, unilátera. Es decir, no divide el espacio entre adentro y afuera porque no tiene bordes, pero a su vez es cerrada. Esto la hace imposible de sumergir en el espacio, salvo por un artificio, una línea de recorte, que funcionará como recta impropia (en tanto no corresponde a la superficie). Esta superficie conecta dos estructuras, una bilátera y otra unilátera; para que esta relación sea posible precisa de un punto denominado impropio. Una manera de pensar este punto es, tomando una Banda de Moebius y reduciendo todo lo que es agujero a un punto. Este punto no puede estar *en* la superficie y es denominado impropio.

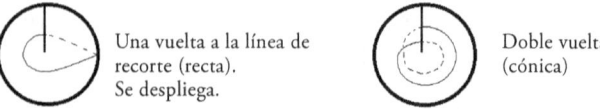

Una vuelta a la línea de recorte (recta). Se despliega.

Doble vuelta (cónica)

Esta forma de pensar el PP es útil porque nos permite ubicar las consecuencias de dos tipos de corte; el que pasa

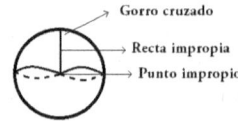

Gorro cruzado

Recta impropia

Punto impropio

una vez por la línea de recorte o recta impropia, esto produce el mismo efecto que cortar una Banda de Moebius por el medio, se despliega en una superficie bilátera, que en el PP es un disco y en la banda de M. Es una banda cilíndrica. Se transforma en orientable, pero no se divide, no se distingue sujeto-objeto. En cambio, si el corte atraviesa dos veces la recta impropia, el corte *equivale a una cónica*, divide la superficie en dos: una bilátera (la que Lacan identifica como el objeto a) y una unilátera (Banda de Moebius equivalente al sujeto). La primera operación indica la entrada del *infans* al campo del lenguaje, pero recién al concluir la segunda vuelta podemos decir que la neurosis se ha constituido.

El sujeto siempre estará en banda de M. y aparecerá como corte del campo del Otro. Lo que lo orientará, lo más propio, serán los objetos producto de cada corte. El sujeto en el Acto del decir, el que promueve un corte, se desvanece, pero en tanto por este mismo movimiento el fantasma se construye, el sujeto aparece ligado a su objeto de deseo. En ese sentido es que el fantasma viene a sostener ese desvanecimiento del sujeto.

El espacio en el que se mueve el sujeto nos muestra cómo se ha construido su realidad, cómo se ha enmarcado.

Ubicamos la realidad como equivalente al fantasma, siendo este el marco por donde el yo se relaciona con lo real.

La perspectiva, que es la que permite representar el espacio que habitamos, se sostiene en la geometría proyectiva. La línea de recorte de la que hablábamos, artificio sin el cual este objeto no puede sumergirse en el espacio es equivalente a la línea del horizonte y el punto de fuga, punto fuera de la superficie, necesario para construir la perspectiva es equivalente al punto impropio.

Una representación en el plano, teniendo en cuenta que aquí las medidas no se trasladan en escala, o sea que hay una idea del objeto real diferente, depende del plano, llamado proyectivo, que corta el cono de visión, produciendo una cónica. Tratando de no simplificar lo que a la vista es complejo, podemos comenzar a pensar que el cono de visión de la madre, lo que el niño es para la madre, es intersectado por la función paterna, de lo que resultaría el espacio que habita un sujeto.

*La realidad **es** el montaje entre lo simbólico y lo imaginario.*

Las identificaciones al ideal del *yo*, propiciadas por el significante del nombre del padre, ordenan la vida del sujeto, hacen historia, lo sostienen.

Muchas veces suceden cosas que exceden el marco de lo que sostiene, de lo esperable: cosas que irrumpen y al irrumpir generan mucha angustia, pero luego se elaboran, se tramitan y se incluyen como posibilidad dentro del marco.

Cuando un sujeto tiene alucinaciones provocadas por un psicotrópico, por ejemplo, el imaginario excede el marco que brinda el orden simbólico.

«Cuando me tomo un ácido me pasa tal cosa», pero el sujeto sabe que retorna, y en esa vuelta incluye, ubica lo sentido dentro de ese marco. Cuando el marco es fallido, ante una irrupción de lo inesperado todo se empieza a desmoronar. Así se producen los desencadenamientos.

Hay drogas cuyos efectos, al exacerbar cierta sensibilidad, pueden promover la paranoia. En la paranoia también hay un anudamiento fallido; el nudo de la paranoia tiene que ver con la relación al semejante. El efecto de la droga borronea la división entre uno y el semejante, y el semejante se viene encima. Esa continuidad entre yo y otro reproduce el primer tiempo de la identificación especular donde el Yo [*moi*] se encuentra en un espacio fuera de él, el espejo, en un segundo tiempo se identifica allí, hace *uno* con su imagen, con lo que consigue constituir un lugar, identificable, para entrar en relación con otros sin fundirse en ellos. Esta unidad, tomando solo una de las vertientes de la paranoia, allí falla. Esta identificación que, vía represión, le da la apariencia de uno, se constituye bajo la mirada del Otro primordial que le garantiza su existencia. Existencia que le permitirá constituirse en relación a sus semejantes como otros. No perdamos de vista (valga la redundancia) que la mirada de la madre garantiza existencia, pero no deseo, sólo cuando es interceptada por la función simbólica del padre, que la metaforiza haciéndola ideal del yo, lugar al que me acomodo desde donde me gusta ser visto, pero no requiere la presencia de una mirada.

Este montaje es ficcional.

Donde la ficción no es lo engañoso.

La única verdad no es la realidad: la verdad es la que se dice. La verdad también tiene estructura de ficción, porque se dice a medias.

Este montaje ficcional del fantasma deja afuera lo real del cuerpo. Para el neurótico, ese real está articulado y ex-siste. Está por fuera del montaje-simbólico imaginario, pero es condición de ese montaje y, además, interviene permanentemente en las modificaciones que se producen en ese montaje.

En tanto lo simbólico se instituye por el significante y este le otorga sus leyes, se caracteriza por la discontinuidad, la diferencia; las leyes de la estructura hacen al marco del fantasma. La continuidad la provee lo Imaginario, que a su vez es dual, especular. ¿Y lo nuevo? Irrumpe promoviendo el movimiento.

Allí ubicamos lo Real

El sujeto, por su dimensión significante, encuentra una *identidad* posible en la repetición.

Yo soy – No soy yo.
Donde no soy, pienso = pensamiento inconsciente.
Donde no pienso, soy = fantasma.
Lo opuesto no está afuera, no es externo, forma parte de la estructura. El sujeto y el objeto se van transformando y van construyendo fantasma; el objeto no representa en el fantasma ninguna exterioridad, es la forma de incluir lo imposible.

Un significante reprimido se sustituye por otro produciendo un efecto de significación. Esta es la estructura de la represión. Lo reprimido no se sostiene escrito más que en su retorno.

La inscripción, la escritura, requiere el retorno de lo reprimido.

No pienso, soy: el sujeto está alienado a un sentido que le llega del Otro; la única salida es el agujero del equívoco que producen las formaciones del inconsciente. Por eso a veces un *acting* viene bien, cuando algo no está fantasmatizado y de pronto aparece en la escena, porque después se recicla, se transforma, entra dentro del ciclo de transformaciones.

Este sistema binario, producto de las leyes simbólicas que organizan la trama, no es estanco: el **a**, las formaciones del inconsciente, aparecen y producen movimiento. Lo que no está simbolizado, lo que proviene de lo real, es lo que empuja la construcción del fantasma.

El cuerpo es el lugar de las marcas

El cuerpo es pulsional.

«La pulsión es el *eco* en el cuerpo del hecho de que *hay un* decir».[20]

Para que haya eco, además de la materia hace falta el vacío.

Hay cuerpo. Hay lenguaje.

Se puede estar en el lenguaje no articulado al cuerpo, como en la psicosis. Puede haber compulsiones masturbatorias, o de goce oral, que no ingresan en el discurso.

Para armar un *yo* que no sea sólo el que me identifica en un relato, sino que ataña a mi *ser*, tiene que entrar al discurso. La entrada del significante en el cuerpo es traumática, porque entra como *uno* en las redes de la repetición. Pero no sale un sujeto de un trauma si no hay sustitución (repetición y escritura) y entrada en el discurso.

El sujeto como *yo* está excluido del fantasma, todo *le ocurre* sólo se incluye por la construcción significante de la interpretación. Esto se liga a la responsabilidad subjetiva, un sujeto no se reconoce en su acto, es algo nuevo que promueve una significación *para atrás*, habré sido... En un segundo tiempo se asume como autor del mismo, asume su responsabilidad subjetiva.

El horizonte que se constituye con el fantasma orienta y causa, y está formado por los puntos identificatorios que han

---

20. Lacan, Jacques. *El sinthome. Seminario 23*, Buenos Aires, Paidós, 2006.

marcado la constitución del sujeto. Cuando este horizonte está, un adolescente no precisará, en épocas de turbulencia, marcarse para saber quién es o para identificar el cuerpo propio respecto del otro.

Debemos aceptar, entonces, la eficacia sobre el sujeto de ciertas épocas de la vida que presentan una alternativa para la cual hay que ejercer una opción; esta opción, por estar ligada al deseo, se vincula a las marcas y al tiempo lógico. Estas alternativas vuelven al sujeto a lo que podríamos denominar su punto de corte, es decir a las marcas, a los términos de su alineación al Otro primordial. De allí debe salir, se debe separar, pero no siempre cuenta con los recursos para hacerlo, y vemos en estos casos que para producir la separación de lo que en el sujeto se juega como la realidad de los padres, puede acudir al *acting*, es decir, propiciar una escena para incluirse en el Otro, que el Otro escuche los términos de su alineación y *lo deje ir*; o al pasaje al acto, entre los cuales está el suicidio, como un modo de desprenderse de la escena del Otro.

Los ritos surgen como un modo de cernir un punto de real, aquel imposible de definir respecto de la diferencia de los sexos. Los ritos intentan escribir lo imposible de escribir, pero dan el marco para propiciar este pasaje y la identificación a un sexo. Si bien el rito de iniciación a la adultez, desde una identidad sexual, intenta marcar un punto imposible de ser marcado, que se refiere a la diferencia de los sexos, el efecto de un ritual sobre el tiempo del sujeto es muy diferente al acto.

En el ritual el tiempo se eterniza, el rito no incluye la novedad, siempre es lo mismo, pues ya se sabe cómo debe salir el sujeto de allí; mientras que el acto, aunque paradójicamente se sostiene en la repetición de las marcas, en su proceso de inscripción estas se borran, quedando solo el significante que señala allí algo acontecido: es pura novedad, el sujeto sale diferente.

Podríamos pensar que el orden simbólico al ir avanzando con la civilización hizo innecesarias estas prácticas rituales, sobre todo en lo que se refiere a las marcas en el cuerpo. ¿De qué se trata esta marca? ¿Cómo se traza? Si se trata de separarse del Otro primordial, la traza está ligada a la función paterna, a la prohibición del incesto, a la castración. Cuando están en un período de carencia simbólica, de falta de marco para construir la realidad, es más frecuente que los adolescentes tengan la necesidad de marcas en el cuerpo. Estas marcas se refieren a la sexuación y sustituyen a las marcas filiatorias, subrayan la pertenencia a una tribu: lo identifican filiatoriamente a un grupo humano.

Simultáneamente podemos pensar algo relativo al objeto como pérdida. La marca en el cuerpo como rasgo evocativo del objeto perdido, o por falta de los recursos para hacer el duelo o por estar privado de las marcas que permitan la separación. Los tatuajes implican una marca indeleble sobre el cuerpo, de la presencia–ausencia del otro, en tanto rememora el acto del tatuaje (presencia), pero permite actuar sin el otro.

Una joven, con serias dificultades para separar su cuerpo del de su madre, que transita una relación con un muchacho, relación que la hace sufrir mucho, quiere separarse de él; ante la imposibilidad —ya que se lo había dicho pero él parecía no entenderle— se corta los brazos. No es una escena para la madre o para él, ya que ellos no la ven hasta que está la cicatriz, sino que le sirve para recordar el momento en que le había dicho a su novio que quería separarse.

La marca del acto de corte con la madre, operado por el padre, falta; no hay lugar para la repetición. Repetición que permite que cada uno se separe de un modo equivalente al corte con el Otro primordial.

Pausa y resonancia I: *Retrato del artista adolescente*, de James Joyce

—Dinos, Dédalus, ¿besas tú a tu madre por las noches antes de irte a la cama?

Stephen contestó:

—Sí.

Wells se volvió a los otros y dijo:

—Miren, acá hay uno que dice que besa a su madre todas las noches antes de irse a la cama.

Los otros chicos pararon de jugar y se volvieron para mirar, riendo. Stephen se sonrojó ante sus miradas y dijo:

—No, no la beso.

Wells dijo:

—Miren, acá hay uno que dice que él no besa a su madre antes de irse a la cama.

Todos se volvieron a reír. Stephen trató de reír con ellos. En un momento se azoró y sintió una oleada de calor por todo el cuerpo. ¿Cuál era la respuesta adecuada? Había dado dos, y sin embargo Wells se reía. Pero Wells debía saber cuál era la respuesta, porque estaba en tercero de gramática.

[...]

Todavía trató de pensar cuál era la verdadera contestación. ¿Estaba bien besar a su madre o estaba mal? Y ¿qué significaba aquello, besar? Poner la cara hacia arriba, así, para decir buenas noches, y que luego su madre inclinara la suya. Eso era besar. Su madre ponía los labios sobre la mejilla de él; aquellos labios eran suaves y le humedecían la cara; y luego hacían un ruidito muy pequeño: be-so. ¿Por qué se hacía así con la cara?

Eileen tenía las manos largas y blancas. Y una vez, jugando a uno de los juegos de niños, ella le había puesto las manos sobre los ojos: largas y blancas y finas y frías y suaves. Aquello era lo que era marfil: una cosa fría y blanca. Aquello era lo que quería decir *Torre de Marfil.*

¿Qué significaba aquello de *besuquearse en los baños?* ¿Por qué se habían escapado por eso los muchachos de la primera división?

[…]

Eileen tenía también las manos finas, frescas y delgadas, porque era una chica. Eran como mármol, solo que blandas. Aquello era lo que quería decir *Torre de Marfil,* pero los protestantes no lo podían entender y se reían de ello. Un día estaba él al lado de ella mirando los campos del hotel. (…) Ella le metió la mano en el bolsillo donde él tenía la suya propia y Stephen sintió entonces el frescor, la delgadez y la tersura de aquella mano. Ella le había dicho que el tener bolsillos era una cosa bien chistosa, y luego, de pronto, había echado a correr cuesta abajo por el sendero en curva. Su cabello rubio le ondeaba por detrás, como oro al sol. *Torre de Marfil. Casa de oro.* Había que pensar las cosas para entenderlas.

Pero, ¿por qué en los baños? Allí se iba cuando se tenía alguna necesidad. Era aquel un sitio formado todo de gruesas planchas de pizarra, donde el agua goteaba continuamente a través de unos agujeros pequeñitos, como hechos con alfileres, y donde había un extraño olor de agua corrompida. Y detrás de la puerta de uno de los retretes había un dibujo a lápiz rojo de un hombre barbudo en traje romano y con un par de ladrillos en las manos, y debajo estaba escrito el título: *Balbo construyendo un muro.*

[…]

Y en la pared de otro retrete había este letrero, escrito con hermosos caracteres inclinados hacia la izquierda: *Julio César escribió de Bello Galgo.*

... a todo lo cual Stephen prestaba oído atento. Las palabras que no comprendía se las repetía una y otra vez, hasta que se las aprendía de memoria, y a través de ellas le llegaban vislumbres del mundo que las rodeaba. La hora en que él había de participar también en la vida de aquel mundo parecía que se iba acercando, y comenzó a prepararse en secreto para el gran papel que le estaba reservado, pero que sólo confusamente entreveía.

... él era diferente de los otros. Él no quería jugar. Lo que él necesitaba era encontrar en el mundo real la imagen irreal que su alma contemplaba constantemente. No sabía dónde encontrarla ni cómo, pero una voz interior le decía que aquella imagen le iba a salir al encuentro sin ningún acto positivo por parte suya... Habrían de encontrarse tranquilamente como si ya se conociesen de antemano, como si se hubieran dado cita en una de aquellas puertas de los jardines o en algún otro sitio más secreto. Estarían solos, rodeados por el silencio y la oscuridad. Y en el momento de la suprema ternura se sentiría transfigurado. Se desharía en algo impalpable bajo los ojos de ella y se transfiguraría instantáneamente. La debilidad, la timidez, la inexperiencia caerían de él en aquel momento mágico.

Ese puntilloso espíritu de camaradería que había observado últimamente en su rival no lograba apartar a Stephen de sus hábitos de tranquila obediencia. Desconfiaba de la turbulencia y dudaba de la sinceridad de una tal camaradería que le parecía una triste anticipación de la virilidad. El punto de honor suscitado ahora le resultaba tan trivial como todas estas cuestiones. Mientras su imaginación había estado atareada persiguiendo fantasmas intangibles, o dejando de perseguirlos para caer en la irresolución, había estado escuchando constantemente las voces de sus profesores que le excitaban a ser antes que nada un perfecto caballero y un buen católico. Estas voces habían llegado a sonar en sus oídos como palabras vacías. Al abrirse el gimnasio, había oído otra voz que le mandaba ser fuerte, viril y saludable. Y cuando el movimiento a favor de un renacimiento nacional se había comenzado a sentir en el colegio, otra voz le había invitado a ser fiel a su patria y a ayudar a vivificar su lenguaje y sus tradiciones. En lo profano, lo preveía, habría otra voz que le invitaría a reconstruir con su trabajo la derruida hacienda de su padre; y, entre tanto, la voz de sus compañeros le mandaba ser un buen camarada, encubrirlos en sus faltas, interceder por su perdón y hacer todos los esfuerzos posibles para obtener días de asueto en el colegio. Y era el zumbido vacío de todas estas voces lo que le hacía titubear en la persecución de sus propios fantasmas. Sólo les prestaba atención por algún tiempo, y era feliz cuando podía estar lejos de ellas, fuera del alcance de su llamamiento, solo, o en compañía de sus propios y fantasmales compañeros.

Sentía un vago presentimiento de aquella cita que había estado buscando, y a pesar de la horrible realidad interpuesta entre su esperanza de entonces y lo presente, preveía aquel sagrado encuentro que en otro tiempo había imaginado, y en el cual habían de desprenderse de él la debilidad, la timidez y la inexperiencia.

Tales momentos pasaban pronto, y las devoradoras llamas de la lujuria brotaban de nuevo. Los versos se borraban de sus labios y los gritos inarticulados y las palabras bestiales, nunca pronunciadas, brotaban ahora de su cerebro tratando de buscar salida. Su sangre estaba alborotada. Erraba arriba y abajo por calles oscuras y fangosas, escudriñando en la sombra de las callejuelas y de las puertas, escuchando ávidamente cualquier sonido. Gemía como una bestia fracasada en su rapiña. Necesitaba pecar con otro ser de su misma naturaleza, forzar a otro ser a pecar con él, regocijarse con una mujer en el pecado. Sentía una presencia oscura que venía hacia él de entre las sombras, una presencia sutil y susurrante como una riada que le fuera anegando completamente. Era un murmullo que le cercaba los oídos: tal el murmullo de una multitud dormida. Ondas sutiles penetraban todo su ser. Las manos se le crispaban convulsivamente y apretaba los dientes como si sufriera la agonía de aquella penetración. En la calle extendía los brazos para alcanzar la forma huidiza y frágil que se le escapaba incitándole... Hasta que, por fin, el grito que había ahogado tanto tiempo en su garganta brotó ahora de sus labios. Brotó de él como un gemido de desesperación de un infierno de condenados y se desvaneció en un furioso gemido de súplica, como un lamento por un inicuo abandono, un lamento que era sólo el eco de una inscripción obscena que había leído en la rezumante pared de un urinario.[21]

«La pulsión es el eco en el cuerpo del hecho de que hay un decir»...

... enigmático acerca de la diferencia de los sexos y la atracción sexual.

---

21. Joyce, James. *Retrato del artista adolescente*. Madrid, Alianza Editorial, 2012.

Tiempo y espacio

Todo pensamiento se sostiene con representaciones; no representaciones de cosas sino representaciones espaciales.

Que el sujeto se identifique implica que algo de afuera está adentro. Es importante subvertir el tipo de espacialidad con la que se piensa cotidianamente, la geometría euclidiana, aquella de las tres dimensiones: ancho, alto y profundidad. Estos tres ejes cartesianos harían pensar que el inconsciente está por debajo de alguna cosa, en lo profundo, o que la catarsis es sacar afuera lo que está adentro, etc. Hay un sistema de representaciones espaciales que uno porta y no sabe que porta, que tienen que ver con el aspecto puramente imaginario del cuerpo. El sujeto percibe cosas que le pasan adentro del cuerpo, imagina por lo tanto un afuera. Es preciso dejar caer esta noción y pensar en un espacio que se habita entre cortes de dos vueltas.

No hay el tiempo justo. Hay el tiempo del acto, tiempo lógico sostenido en un saber hacer. Con lo que se ve, se da un espacio, una espera para comprender y precipita un decir para concluir.

Doble vuelta

El sujeto está barrado porque participa del lenguaje; está marcado porque la demanda de la madre, si es neurótica, porta esa barradura. El neurótico construye su fantasma (realidad) con esta fórmula: cree que va a conseguir la satisfacción si responde a la demanda del Otro.

La primera vuelta en la construcción del fantasma, ubicada en relación al Edipo, se da cuando opera la función paterna metaforizando el deseo de la madre. Eso comienza a construir el cuerpo pulsional, da inicio a las marcas que construyen el fantasma. Ahí comienza a construirse el fantasma, en la medida en que el deseo de la madre es metaforizado. Se empieza a horadar el lugar de la demanda del Otro primordial ubicando ahí el **a** como falta, como imposible de satisfacer.

El objeto a es a sexuado

La realidad del partenaire sexual se sostiene en el fantasma. Esto deriva de la idea del objeto **a** como asexuado. No está definido el objeto sexual, o el partenaire sexual, desde el inicio, ya que el sujeto no se orienta por el instinto (que haría que fuera macho o hembra) sino que se orienta por el significante, o sea, por la diferencia. Es uno y otro, eso es orientarse por el significante. Quién es el otro para cada uno, quién se constituye como partenaire sexual es la pregunta. Lo que sostiene esta realidad sexual es el fantasma.

El objeto **a** es *a sexuado*, justamente porque se escapa de la lógica significante. Que sea efecto de esa lógica no quiere decir que esté atravesado por ella, es lo que se escapa de ella. Es la lógica significante la que produce la diferencia, uno y otro. Lo que no es esto es esto otro, eso lo aporta la lógica significante que, a su vez, es equivalente a decir la lógica fálica. El objeto es lo que se escapa a esa lógica, por lo tanto, la sexuación se produce en los desfiladeros del significante. La sexuación se produce dentro de la lógica significante, de la cual el **a** escapa.

Para habitar esta relación con lo que no puede relacionarse (sujeto efecto del lenguaje y **a**, resto inconmensurable), el sujeto barrado hace un montaje. Este **a** se integra, gramaticalmente, a una fórmula que es simbólica. El fantasma es un montaje de lo simbólico y lo imaginario, vela la falta; ventana a lo real.

Vale la pena observar dónde difieren los tres de Freud de los tres de Lacan, porque es de allí que surge lo que él mismo denominó «su invento»: el objeto **a**.

Lacan utilizó su última alocución pública en el Encuentro de Caracas (ya estaba enfermo, murió unos meses después) para marcar un debate con Freud. Lo que planteó, lo planteó primero freudianamente, eran los tres de Freud y sus tres. Yo, Superyó y Ello de Freud y RSI para Lacan. Lo que él plantea es que Freud entregó eso a sus seguidores para orientarlos, y él entregó sus tres. Ya nos abre el panorama de una manera muy interesante, porque plantea que Freud ubica al *ello* como una bolsa. ¿Cómo uno se representaría las pulsiones ahí? Como bolitas que están ahí adentro, que salen por los orificios del cuerpo. Mientras, él plantea un nudo de tres. Si nosotros ponemos el nudo en el espacio, está en los intersticios. No hay un alojamiento claro ni tiene bordes claros, sino que depende de cómo se articule real, simbólico e imaginario. A su vez, para que se articule, real, simbólico e imaginario, hace falta eso *que no*, ese agujero.

Lo primero que tenemos que ubicar es el carácter de pérdida que se pone en juego, el agujero y la función de pérdida que tiene este objeto.

Hay un lugar específico, en el seminario «Les noms du père»[22], en la clase del 9 de abril, donde dice «¿Qué inventó Lacan?», y plantea que es el objeto **a**. Quería situar que él sí dice que es un invento, y lo dice bastante tarde (ese seminario es de 1974).

---

22. Lacan, Jacques. «Les non-dupeserrent o les noms du pere [Los no incautos yerran o los nombres del padre]», Seminario 21, inédito.

Todo el tema de las pulsiones es algo que retoma en el último tiempo. Lo que él plantea es que su topología, no solo los nudos sino la topología de superficies, como el plano proyectivo, la botella de Klein, el toro, le permiten ubicar la cuestión de las pulsiones de una manera diferente a como podía ser en un espacio euclidiano, como sería el espacio de la topología de la bolsa que planteaba Freud. Freud ubicaba esa topología, él incluso dice que no está a la altura de las cosas que plantea.

El tema de la topología incluye algo muy importante, que es la dimensión del tiempo. El objeto **a** tiene que ver con el tiempo más que con el espacio. El espacio está más ligado a la articulación simbólico-imaginario, y el tiempo, las escansiones, tienen que ver con el objeto **a**, con lo real. Respecto al horizonte en la perspectiva (despliegue en el espacio del plano proyectivo) Grannon-Lafont expresa que es el tiempo que lleva llegar a el. Lacan dice, en los cuatro conceptos, que la voz no es tanto un objeto por lo que queda grabado, la voz misma, sino por los silencios. Es en ese lugar de la pausa, de la escansión, donde podemos localizar el objeto **a**.

Ese objeto no es ningún objeto. Los objetos que conocemos, que son identificables, son objetos producto de esa articulación entre lo imaginario y lo simbólico. En este caso estamos hablando de otra especie de objeto. Por ejemplo, el pecho, las heces, el falo, la voz, la mirada. Es la pérdida la que, de algún modo, ubica al objeto. Es en tanto pérdida que aparece la función del objeto **a**.

Lo que Lacan plantea, y todos podemos acordar con eso, es que cuando la pulsión «apresa a su objeto», supongamos el pecho, no es ahí donde se satisface. Se satisface en el borde, en el circuito de búsqueda de ese objeto. Esa pérdida es la que es causa de deseo, es la relación entre el objeto que podríamos denominar pulsional, objeto de goce pulsional, y el objeto de deseo. Ese proceso de renuncia al goce y de pérdida es causa de deseo.

Lo que podemos decir de esos objetos, Freud enunció tres y Lacan le agregó dos más, la voz y la mirada, es que son cinco modalidades de la pérdida. Pensar que eso se puede reencontrar hace a una clínica, pensar que se puede recuperar algo de ese goce es una clínica, y pensar que lo que se pone en juego en cada repetición es la pérdida es otra clínica, que tiene más que ver con el deseo.

Eso es fundamental para entender que el sujeto queda en las redes del significante y el objeto cae, entonces es de otra estructura. Si cortan una Banda de Moebius por el borde quedan dos bandas anudadas, una es una banda cilíndrica, tiene dos caras, y otra es una Banda de Moebius con una cara. A eso, Lacan le llama el nudo del fantasma. Por un corte de lo mismo, se produce un sujeto y un objeto, son de la misma «estofa».

El objeto **a** mirada, parece ser lo mirable, pero en realidad, de lo que se trata es de la propia mirada encontrada en la mirada del Otro. Ese es el circuito pulsional, el sujeto se identifica al corte, se identifica a eso que no es más que deseo de ese objeto, ese es el sujeto, deseo de un objeto, no es otra cosa, no hay consistencia del sujeto más que en la repetición de lo que desea. Si deseo, soy sujeto, si no, no. Esto sin la superficie de la Banda de Moebius es imposible de pensar, es un corte que no divide en primer término entre adentro y afuera, en una segunda vuelta se desprende el objeto que se ubica *afuera* por ser de otra estructura.

El corte, equivalente al acto es significante, por lo que espacio y tiempo son efectos de la acción del significante, su lógica y propiedades. No son a priori, se hacen corte tras corte, vuelta tras vuelta.

La segunda vuelta en la construcción del fantasma que sostiene el deseo hacia un partenaire sexual acontece en la pubertad.

Recursos

Cuando un sujeto se enfrenta con un hecho que lo interpela, apela a los significantes, marcas que ya posee: sus *recursos*. Entonces opera la repetición: se produce nuevamente un montaje simbólico-imaginario, una escena. Cuando esa escena no sostiene lo que irrumpe, el sentido cae, surge la angustia que promueve la búsqueda de nuevos significantes que favorezcan la aparición de nuevos argumentos fantasmáticos.

En la pubertad el sujeto abandona la realidad fantasmática de los padres y debe armar-se, hacer el corte y armar su propia realidad.

¿Cómo se orienta para eso? Con sus *recursos*.

¿Cómo hace el sujeto para inscribirse en ese campo del Otro? ¿Cómo establece esa relación entre un significante y el campo del Otro? Mediante la demanda. La primera demanda, que es significada como tal por el Otro primordial (la madre), es el grito. El chico llora; no dice nada, pero la madre le da una significación, le da un sentido a su demanda: tiene hambre, le duele algo. Esa significación marca el cuerpo. El chico, sin saber, consigue entrar en el campo del Otro, porque es recibido y devuelto por la madre.

Este acontecimiento es un significante que busca su significación y, cuando se topa con otro significante, produce un efecto de sentido. Ese encuentro repercute, retumba, no tiene un significado en común. El referente está perdido: el significante se engancha a otro y genera un efecto de sentido, no hay ningún significado.

Un elemento que podemos subrayar en un adolescente es la avidez de sentido. La búsqueda del significado de la vida, la desesperación por encontrarle un sentido a lo que *yo soy*, lo que soy para el Otro, lo que hago, para qué estoy acá...; se re-cicla como pregunta en este tiempo.

La aparición de nuevas imágenes, ganas, procesos hormonales, hacen que el sujeto se vuelva a hacer esas preguntas. Ahí es donde se enrula la segunda vuelta.

La posición *adulta* requiere la inscripción como hombre o como mujer, lo pide el lenguaje. Eso se hace a partir de la pubertad, por lo que este tiempo de pasaje debe enmarcarse inevitablemente de una manera específica.

El pasaje

Hay dos tipos de rituales que nos interesan especialmente: unos son los filiatorios, en qué linaje entran, como lo que sucede con las llamadas «tribus urbanas». Estos rituales filiatorios no tienen que ver aún con la inscripción en un sexo u otro, sino con una identificación a un grupo. Este tipo de filiación (en alguna época considerada como patológica) es eficaz para sustituir la filiación *natural* cuando los padres resultan demasiado endogámicos; dentro de la endogamia no hay sexualidad posible, por lo que se buscan esos espacios de identificación que proporcionan un peldaño identitario sólido para seguir avanzando.

Y los otros rituales son los de pasaje, que permiten pasar de ese cuerpo, perverso polimorfo como lo plantea Freud, a un cuerpo cuya sexuación lo ubique como hombre o como mujer.

En los rituales se juega la búsqueda de inscribir algo imposible de escribir de otra manera: la diferencia de los sexos, el no saber sobre la diferencia de los sexos. Un ritual le da marco a ese pasaje que nadie sabe cómo hacer; nadie sabe cómo pasar del cuerpo de niño a un cuerpo de uno u otro sexo que lo lleva a hacer algo con el otro, no hay un saber posible al respecto.

En cada época y en cada sociedad estos rituales mutan y se reformulan, y eso es lo que se escucha en la clínica: ahora, por ejemplo, la existencia de la llamada *previa*: el encuentro antes de la salida, donde un adolescente toma alcohol o drogas para *ir puesto*. No se trata sólo de ir borracho, hay que ir puesto: puesto en una determinada posición sexual.

El ritual nos indica que no hay nada de *natural* en la identificación a un sexo, ni en la llamada «identidad sexual» ni en la elección articulada a esto. Ubicamos la adolescencia como un tiempo en el que el sujeto, enfrentado a las demandas de su cuerpo y la cultura, se ve precipitado a su elección sexual. No se *es* adolescente, se está en un momento de pasaje. No se trata de la existencia sino de la insistencia, aquello que insiste en ser dicho. En la primera vuelta, se trata de ser dicho como sujeto, diferente de la madre, y en la segunda, de ser dicho como de un sexo que lo identifica a un goce determinado, dejando al otro sexo enigmático como objeto de deseo. Siempre se trata de la castración, en primer término de la madre, que da lugar al deseo del hijo como falo, y en segundo término, la del sujeto, que da lugar al deseo del *otro* sexo.

Hay culturas en las que este pasaje está ritualizado. Se trata en todos los casos de que el cuerpo reciba la marca de la diferencia. Allí la cultura cumple un papel importante; el rito, la repetición de lo mismo, intenta cada vez inscribir algo de lo real que resulta imposible de ser escrito: la diferencia de los sexos. En las culturas primitivas en las que se implementaban estos rituales, quedaba más claro que este pasaje no es natural. Tal vez el desarrollo de la ciencia promueva la creencia de que hay un saber posible de *saberse* sobre el sexo, por lo que se han diluido estos rituales, o tal vez sean más difíciles de detectar y, como el que citaba, *la previa*, se independizan de los modos enseñados para ser uno u otro y ejercer desde allí su goce sexual.

Es esa falta de saber, que no es ignorancia, lo que lleva a construir artificios, *puentes* para hacer el pasaje.

Quien pasa por un ritual de iniciación sexual, sale hombre o mujer. Aparece allí una certeza, una certeza dada por el Otro; por lo tanto, no hay una toma de responsabilidad por parte del sujeto sobre su acto como hombre o como mujer, está marcado desde el lado del Otro, no hay ahí una segunda vuelta. El pasaje implica pagar el precio de la castración, y eso deriva del acto, no del ritual. En el ritual no se paga ningún precio, simplemente se pasa por pautas que ya están definidas por el Otro. El precio, en el acto, es inconmensurable; no se sabe cuál es exactamente: uno apuesta y no sabe lo que va a perder.

La marca es signo de una ausencia

El *nachträglich*, el *a posteriori*, el *après-coup*, rompe la linealidad temporal. No se trata de un humano que nace con tales características y se va desarrollando en una línea tiempo, un vector único hacia la muerte. Simbólicamente, la construcción es en vueltas, retroactiva.

La pubertad es un tiempo en el que se producen acontecimientos que hacen marcas y generan vueltas novedosas para el sujeto; en la pubertad se producen diferencias, aparecen novedades, se quiebra la fantasía de evolución, de progreso, y se hace evidente que no todo estaba dicho desde la infancia. Se vuelve a decir.

Un acontecimiento significante no es una palabra: es algo que corta un cosmos, algo diferente del resto. Si un chico se veía al espejo (es decir, era) lampiño, y de golpe le crecen los pelos, eso es un acontecimiento significante: una diferencia que hace una marca, marca una raya en el imaginario que tenía hasta ese momento.

La marca es signo de una ausencia. El significante es lo que ocurre luego de que una marca ha sido borrada, perdiendo la conexión con la cosa. El significante representa la pérdida de la cosa.

Lo que es imposible de decir...
¿cómo se dice?

Construcción del cuerpo pulsional

Lejos está el psicoanálisis aplicado, donde la teoría psicoanalítica era un instrumento con el que interpretábamos nosotros, sujetos no divididos, el producto de otros campos. La relación interior-exterior ha cambiado, justamente por la incidencia en nuestro campo de significantes provenientes de la topología, de la física.

Estamos en el lenguaje y es desde esa interioridad que operamos, por lo que no podríamos decir que dirigimos totalmente esa operación. No se trata entonces de ningún instrumento de hermenéutica, sino de discursos que ordenan lo no sabido, lo inconsciente, por lo que la relación al goce, al saber, a la verdad, variará en cada discurso.

El psicoanálisis, en tanto pone en juego lo rechazado en el discurso, incide en el orden social y en su política.

Lo que me convoca de la lectura de la novela de Yukio Mishima, *El marino que perdió la gracia del mar*[23], es la incidencia de la subjetividad de la época en la concreción del acto que significará el pasaje, en un púber, de formar parte

23. Mishima, Yukio. (1963) *El marino que perdió la gracia del mar*, Barcelona, Debate, 1993.

del fantasma de los padres a la construcción del fantasma que sostendrá su deseo, vía castración.

Los ritos de iniciación como modo de pasaje

Los ritos pueden estar sostenidos por una comunidad o por pequeños grupos organizados alrededor de un líder, como ocurre en esta novela. El rito, a diferencia del acto, que deja sus marcas, garantiza el pasaje sin que haga falta atravesar la castración: sólo el sometimiento es necesario, lo que a su vez des-responsabiliza al sujeto de su hacer. En el acto, aunque el sujeto no se reconozca, luego se responsabiliza de sus consecuencias. Esto es el deseo por él determinado.

Volviendo a la subjetividad de una época, es donde aparecen representados los límites que hacen posible lo imposible, la relación entre los hombres. Esta época se caracteriza por la inconsistencia de las palabras, donde los actos son más bien *actings*, en tanto no sólo no tienen consistencia, sino que carecen de consecuencias; en este contexto, la muerte sigue siendo la consecuencia más verdadera.

Asumir las consecuencias del acto hace a la responsabilidad. Lo que no se confunde con: yo me hago cargo. Implica pagar un precio.

En la novela, el que oficiaba de jefe del grupo hace alusión a que tienen poco tiempo para cometer ese acto sin sufrir las consecuencias ya que están por cumplir catorce años, tiempo en el que en Japón comienza la imputabilidad.

Tanto en *Despertar de primavera*, obra de teatro de Wedekind, como en la novela de Mishima, aparece la pubertad como momento de elección, apuesta, en la que se pondrá en juego la castración. Sólo pagando este precio se ampliará el horizonte, la subjetividad hará posible el deseo y necesario el amor.

En *Despertar de primavera* hay una secuencia final, en el cementerio, donde se encuentran el protagonista, Melchor, y el fantasma de un amigo que se había suicidado al no poder realizar este pasaje. En la escena, el suicida invita al protagonista a que le de la mano, que vaya con él, que le mostrará cómo se ve todo desde allí, hasta se reirá de su propia situación. No hay allí puntos ciegos que posibiliten una perspectiva, se ve todo. Él elige, en cambio, lo que propone el Enmascarado: ampliar su horizonte haciendo que conozca «todo lo interesante que el mundo encierra»[24]. El precio para mantenerse en la escena es el desconocimiento del lugar desde el que cada uno llega a conocer lo que el mundo encierra. Mantenerse en la escena de la vida implica renunciamiento al goce.

En la novela de Mishima surge de un modo brillante el modo en que para el marino se produce el pasaje del goce al deseo, y la llegada del amor. El goce aparece ligado a la gracia del mar, como lo infinito. Él no quería ser prisionero de la tierra. Suponía para él un futuro de gloria, un punto de luz que sólo a él le había sido destinado. En caso de alcanzarlo, el mundo habría de venirse abajo. Semejante a lo que ocurre en su primera relación sexual, en la que se intuye que su relación no es con el otro sexo sino con el falo.

> Él tuvo un pequeño estremecimiento de vanidad, como cuando trepó por primera vez al mástil... él sintió que las estrellas de la noche se abalanzaban amenazadoramente contra el vértice del mástil. Para cuando se dio cuenta que eso era una mujer, todo había terminado.[25]

Primer encuentro de miradas entre Ryuji y Fusako.

> Sus ojos... la miraban escrutadores como si se tratara de un minúsculo punto en el horizonte.[26]

---

24. Wedekind, Frank. *Despertar de primavera, op.cit.*
25. Mishima, Yukio. *El marino que perdió la gracia del mar, op.cit.*
26. *Ibídem.*

¿Qué posibilitaba aquí el encuentro? Algo que no había ocurrido en la soledad infinita del océano, ni en algún sampán al que se acercaba cuando tocaba un puerto, donde mantenía relaciones sexuales con prostitutas, donde su cuerpo vibraba, pero no hacía lazo.

En el grandioso sueño que había atesorado en secreto durante tanto tiempo, él era el paradigma de la hombría y ella la culminación de la femineidad. Desde los extremos opuestos de la tierra llegaban a unirse en un encuentro fruto del azar, y la muerte oficiaba su enlace.[27]

¿Qué muerte? ¿La del padre (ella era viuda y visitaba el barco con su hijo)? ¿La de su aspiración de gloria?...

La gloria es aquello por lo que valdría la pena morir. El deseo, aquello por lo que valdría la pena vivir.

En el jefe de la pandilla, el goce infinito aparece de esta manera:

Hay que romper el precinto de «imposibilidad» que les colocan a los jóvenes, que no pueden hacer lo de sus mayores,...[28]

suponiendo un goce en ellos que harían todo sin impedimentos...

Un puñado de ciegos nos dicen lo que tenemos que hacer. [...] La mayor inhumanidad era entre ellos algo digno de orgullo.[29]

Tenían que poner en práctica la ausencia de pasión más absoluta, obviamente esto los pondría en contacto con sus

27. *Ibídem.*
28. *Ibídem.*
29. *Ibídem.*

carencias, y por supuesto con lo sexual. Allí el jefe tenía su delirio, que remite a un goce absoluto. Los genitales eran para copular con las estrellas de la Vía Láctea, eso los diferenciaba de los otros chicos, dignos de lástima, que desbordaban de curiosidad acerca del sexo.

El modo de manifestarse de la omnipotencia en la pubertad, como un modo de hacer con la pérdida que arrasa, es la apatía. Dice Blanchot al respecto:

> Es el espíritu de negación aplicado al hombre que ha elegido ser soberano. Es oponerse a la espontaneidad de cualquier pasión. Dice Sade: ... el alma pasa a una especie de apatía que se metamorfosea en placeres mil veces más divinos que los que le procuraban las debilidades.[30]

Se hacen insensibles y por lo tanto crueles. Bataille diferencia la crueldad de la violencia, ubicando la crueldad como una de las formas de la violencia organizada. La crueldad y el erotismo surgen como modo de ir más allá de las prohibiciones, pero no impulsivamente, ya que el retorno está garantizado.

Un tema lateral es el de los jefes de grupo de púberes, en tanto ofrecen una teoría allí donde, en el momento de pasaje, no hay teoría que sostenga.

Para el jefe de la novela de Mishima, matar era equivalente a romper las cadenas interminables de los odiosos tabúes sociales, logrando así un poder real sobre su existencia. Este es el precio que no pueden pagar, que no hay poder absoluto sobre la existencia. Cuando como resultado de un rito iniciático matan a un gatito, Mishima escribe:

> La muerte había transformado al pequeño animal en un mundo perfecto, autónomo. Lo maté con mis propias manos, puedo hacer cualquier cosa por terrible que sea.[31]

---

30. Bataille, George. *El erotismo*, Buenos Aires, Sur, 1960.
31. Mishima, Yukio. *El marino que perdió la gracia del mar, op.cit.*

Allí la muerte es la verificación definitiva de la existencia, del propio cuerpo. El poder y el dominio de ambos. Esto aparece en boca del marino, cuando dice que cada hombre es un héroe en su lucha por la vida. La gloria se alcanza con la muerte.

El pasaje está magistralmente descripto. Noboru había sido encerrado en su habitación por su madre como castigo. Su padre había muerto. En el encierro encuentra un hilo de luz en el fondo del armario. Lo que veía desde allí difería mucho de la habitación que veía diariamente. Espiaba a su madre todas las noches en que estaba enojado por haber sido retado. Se topaba por primera vez con un cuerpo de mujer que despertaba su interés sexual/erotismo. Respecto a la zona del pubis dice que intentó imaginar todas las obscenidades que sabía, pero las palabras por sí mismas no lograban penetrar aquella espesura. Sus amigos decían que era una pequeña morada, vacía y digna de lástima. Cuando espía el encuentro sexual de su madre con el marino dice:

> Todas las cosas apelmazadas dentro del pecho de Noboru desde el primer día de su vida se vieron liberadas y alcanzaron su consumación (…) se fundieron en un todo perfecto.[32]

La escena montada unía a Noboru con su madre, la madre y el hombre, el hombre y el mar, el mar y Noboru.

Cuando no es la ética del deseo la que comanda la vida, lo que implica una actitud, una posición respecto a la castración, cuando se cree que es Yo quien debe comandarla, para no alienarse al deseo del Otro, el elogio al goce es inevitable, y la muerte la consecuencia más verdadera.

---

32. *Ibídem.*

La búsqueda del Otro inicia la serie

Un acontecimiento de por sí no inicia la serie: necesita la falta.

Ese significado ausente, esa falta de significado, promueve la búsqueda del Otro y el inicio de la serie. En el delirio, el acontecimiento tiene su significado, no *hace falta* ninguna articulación con el Otro, no hay apelación al Otro.

Esto puede formar parte del sistema de pensamiento de un neurótico, como en el caso de las supersticiones, pensamientos en los que la castración no está en juego porque no requiere articulación: un pensamiento entero, completo, sin falta.

Hay cuestiones que están coaguladas, que no tienen falta que permita hacer la serie. Para disolver esos coágulos está el equívoco. El equívoco hace aparecer la falta en el discurso, abriendo así la posibilidad de la serie.

Así comienza la serie: entre la primera experiencia y la segunda, hay una pérdida.

Esa pérdida es equivalente al objeto de deseo, lo cual genera una alucinación en la segunda experiencia de satisfacción, como nos dice Freud. Esa alucinación es la fantasmática que tiene el sujeto para velar la falta de objeto.

Lo que se repite no es lo realizado. Uno busca la primera experiencia, no la encuentra, encuentra algo; no es ese algo lo que motiva que uno repita la búsqueda, sino lo que no encontró.

Cuando ocurre la repetición, se efectúa el sujeto. Es decir: el sujeto es efecto de esa repetición.

Hay un corte en cada repetición: un significante que representa a un sujeto para otro significante. Esta lógica significante que el sujeto habita es discontinua, entre uno y otro el sujeto se desvanece, pone en cuestión su *ser*, que sólo puede sostenerlo en el fantasma como *paraser*, dándole soporte al deseo que otorga continuidad. Cuando esto no ocurre, surge la angustia.

El fantasma vela la castración

La perversión y la neurosis son modos de hacer en relación a la amenaza de castración. El fantasma, en la neurosis, es el modo de velar esa castración, de hacerla habitable; implica un reconocimiento de la castración y un velamiento.

Hay sujeto, objeto, y tiempo entre ambos. De la especie del tiempo son el corte y la ley.

El neurótico no se reconoce como adentro de una determinada estructura fantasmática, no se la representa; está, en efecto, metido adentro de la estructura. Sólo en transferencia el analista puede captar el modo del fantasma, cómo se organiza ese sujeto y objeto en el fantasma.

En la perversión, en cambio, el fantasma, que sería un modo de goce determinado, se transforma en fetiche. El perverso sabe de lo que goza. El neurótico repite y repite, y padece esa repetición, porque no entiende por qué, por qué repite: hay un desconocimiento de base. El perverso sabe que en eso reside su goce. Hay un saber, por lo que el fetiche está en el lugar del fantasma.

El fantasma vela que no hay relación sexual.

En la adolescencia concluye un tiempo en la construcción del fantasma

En el momento de la elección sexual y en el momento en el que el partenaire va a representar ese goce perdido, hacia donde el sujeto se dirige para conseguir algo del goce, concluye un tiempo en la construcción del fantasma. El fantasma es la realidad que uno habita, no es otra cosa; la realidad que habitan los chicos es la realidad montada por los padres, no hay *realidad propia*, cuanto más adaptado es un niño, menos se interroga por lo que lo rodea, está *puesto* en una realidad y menos preparado estará para afrontar rupturas de la escena, cambios familiares, nacimientos, muertes, incluida la pubertad.

En este tiempo forman parte del cruce del fantasma de los padres. Hablar de cruce del fantasma de los padres es una afirmación que se sostiene en el trabajo en la clínica con parejas de padres, donde se observa cómo se va tejiendo el lugar de lo que *produjeron* entre ambos.

Ya está en la escena del mundo, pero aún no ha concluido la construcción de *su* escena en relación a *su* deseo, en relación a *su* objeto de goce.

En el análisis, vía interpretación, el sujeto pasa por el lugar que tiene la presencia del analista, por el agujero que le permite implicarse en la escena y captar que es quien la sostiene. La interpretación funciona como acto: el sujeto primero no se reconoce allí, pero luego se hace responsable de las consecuencias del acto.

Nudo del sujeto ¿nudo de la pubertad?

Decir adolescente no es hablar de un ser. No es un ser: es un nudo del decir, de la cultura, de efectos de la pubertad; efectos en la posición subjetiva que se anudan con la palabra adolescencia.

Hay nudo del sujeto

Hablamos de nudo del sujeto cuando, como consecuencia del acto, el sujeto que *habrá sido* articula RSI. El acto se produce en dos tiempos, la inscripción del significante que borra la huella y su repetición; es a partir de esta segunda vuelta que podemos hablar de inscripción ya que esta implica el retorno de lo reprimido. Este corte hace que el cuerpo haga lazo con el lenguaje.

No hay nudo de la pubertad

Aunque parezca paradójico con el comienzo del capítulo, no lo es —no hay que temerle a las paradojas—. No hay un nudo *propio* de la adolescencia. Podemos hablar de un des-nudo de la pubertad, en el que, arrasado el sentido que implica la articulación entre lo simbólico y lo imaginario, es decir la realidad, el sujeto tenga que apelar a realidades *delirantes* o, a su vez, padezca de angustias incontrolables o pérdidas del sentido de la vida, las llamadas depresiones.

En la neurosis el sujeto busca su objeto de deseo en la Demanda del Otro; como el Otro está barrado, hay el agujero que hace falta para promover el lazo, aunque engañoso. Aquí el nudo se sostiene dando lugar al trabajo de identificación a lo que resultaba extraño.

Cuando el significante del nombre del padre no opera, el sujeto no se constituye como falta en el Otro. El Otro no está barrado, allí la certeza es lo que sostiene. Siempre se trata de hacer un lugar vacío para que se efectivice el nudo, sostén del sujeto, son modos de restablecer el anudamiento que sostiene el sentido, en un cuerpo con el que se identificaba. La depresión, con sus manifestaciones de desgano, abulia, apatía, desinterés, son síntomas que simultáneamente presentan la dificultad para renovar, en los nuevos términos, el objeto de deseo y mantienen el nudo.

Lo que irrumpe

Al plantear este montaje de lo simbólico con lo imaginario, que deja afuera lo real como ex-sistencia, el fantasma ocupa el lugar que, en el grupo nodal (es decir, en el espacio formado por la articulación de lo simbólico y lo imaginario en el nudo), ocupa el sentido. El sentido se sostiene dejando afuera lo real, pero sabemos que el equívoco, el sinsentido, es donador de sentido, es lo que impulsa otra vuelta.

En la pubertad lo real irrumpe, el sinsentido irrumpe, impulsando una segunda vuelta respecto de los significantes que lo identifican como sexuado, pero ese cuerpo de niño, perverso polimorfo, carece del saber que dé sentido a las nuevas sensaciones, que hacen del cuerpo un extraño.

El escritor japonés Yukio Mishima presenta esto con gran claridad en su novela *Confesiones de una máscara*, cuando el protagonista describe su primera eyaculación a partir de la visión de una pintura occidental de un mártir cristiano, que desencadena un goce inconmensurable —él no sabía de qué se trataba en su cuerpo—.

Lo real que irrumpe no es el cuerpo biológico: es el no saber de un goce sin medida.

La segunda vuelta es respecto de los significantes *edípicos* que lo marcaron como sexuado. Las fantasías sexuales, las imágenes que portan las marcas de la pérdida del objeto, lo orientan, le dan dirección a su goce loco; le dan dirección, le dan sentido. Este real es lo que garantiza la articulación del sujeto de deseo inconsciente, cuyo saber es articulado por la lengua, y el cuerpo que goza.

El sinsentido que irrumpe como real, rompiendo el cuerpo imaginario construido hasta este tiempo, impulsa la segunda vuelta, el acontecimiento que da cuerpo, situando la verdad de su deseo que se sostiene en el fantasma. Verdad que le murmura que no hay relación sexual, por lo que apura el montaje en el que la satisfacción podrá ser alcanzada en el partenaire por el fantasma. El partenaire no existe más que en el fantasma.

Identidad, identificación

Hablar de identidad es negar que el sujeto se constituye en un *mal lugar*, como dice Lacan; un lugar, al menos, ajeno.

La Identidad es el nombre que la psicología toma del Ser. Elude la división del sujeto.

Freud plantea tres modos de identificación[33]:

1. Al padre muerto. In corporación de lo simbólico que ahueca al cuerpo haciéndolo sensible al decir. Previo a toda elección de objeto.

2. Al rasgo unario. Lo unario del rasgo es la marca de la diferencia con «lo otro». A diferencia de la lógica que propone el género, donde se reúnen por rasgos iguales, por ejemplo: los mamíferos no son los vertebrados que tienen mamas, sino que lo son porque hay vertebrados que no las tienen. El rasgo implica a la falta.

3. La identificación al deseo de otro.

Lacan ubica al significante como corte en Banda de Moebius, entre el sujeto y el Otro, siendo el sujeto mismo el corte y a su vez borde del objeto, resto de esta operación,

---

33. Freud, Sigmund. *Más allá del principio de placer, Psicología de las masas y análisis del yo, y otras obras (1920-1922)*, en *Obras Completas*, Vol. XVIII, Buenos Aires, Amorrortu Editores, 2001.

causa de deseo; por lo que constituye la identificación en la que el sujeto se constituye como deseo. Cuando hay sujeto hay deseo.

Hablamos de identificación, no de identidad

Estando el sujeto marcado por el significante, **a** ya no es **a**. Esta identidad es imposible para el sujeto hablante. La división que el sujeto sufre porque habla, la *subsana* mediante una operación que llamamos *fantasma*, donde opera sobre lo real mediante lo imaginario y lo simbólico. Con esto construye una *especie de ser* que le permite pensar que tiene una vida con sentido, que tiene un mundo. Si bien esto hace la vida habitable, es engañoso, alienante. Los instantes de libertad, de existencia, creatividad, para el sujeto, están en sus equívocos, cuando se sale del libreto.

Como no se puede estar errando todo el tiempo, el sujeto se *engaña* con una supuesta identidad, sexual.

Las innumerables nominaciones que se están proponiendo como identidades, no nos hacen más libres en términos subjetivos. Tal vez el horizonte, último borde identitario, sea el nombre propio, el que queda en la lápida.

La investigadora Ana María Fernández plantea en un artículo publicado por el diario *Página/12* que el orden anterior de los cuerpos y del sexo proponía una dominación del hombre no sólo sobre la mujer hetero, sino sobre otras diversidades, por no estar reconocidas en ese orden.

Si lo que está en juego es la ruptura con los paradigmas de la dominación, que se extiende en las organizaciones sociales a la familia o la pareja sexual, debemos preguntarnos si la diferencia en los sexos implica de por sí una dominación.

En principio diría: hay dos sexos: Uno y otro. Que haya dos no supone dominación vertical, ni igualdad horizontal. Justamente, para que haya dos, uno tiene que portar la marca de la diferencia. Si tenemos, por ejemplo, a dos gemelos, y uno de ellos lleva un lunar, es con eso que se los diferencia. Lo cual no lo vuelve dominante.

El dos no es el UNO, es el tercer número de la serie numérica (0, 1, 2) con el que se inicia la serie, lo múltiple. El mundo simbólico que habitamos se construye por los opuestos, sabemos lo que es claro porque hay lo oscuro.

A esos dos la lengua los llama, tal vez imitando a la biología, hombre y mujer, o a la inversa. Hay dos con sus variaciones de goce que hoy se intenta identificar. En ese camino de hacerse igual a su goce consigue una identidad, *gozo* de esto *por tanto soy...*, allí el sujeto queda atrapado en un soy.

Florencia de la V. quién fue construyendo su identidad sexual en gran medida en las pantallas, dijo, respondiendo a la pregunta por quién era: «soy un hombre con un goce particular». ¿Qué la hizo pasar luego a presentarse como *una madre amorosa*? ¿Es más libre en una posición que en otra, en un ser que en otro?

En un tiempo, la primacía del significante hacía que las identificaciones a prototipos de época llevaran a ir construyendo una supuesta identidad a la que se intentaba acomodar un goce, que incluso podía quedar oculto. En estos tiempos, la primacía del goce fuerza una identidad en la que el sujeto se hace igual a su goce. La ruptura de los paradigmas desorienta al sujeto que hoy busca, en estas múltiples identidades, un orden.

Lo que empuja al sujeto es el deseo, que como corte del campo del Otro conlleva pérdida de goce. No parece ser por el lado del goce que seremos más libres. Por otra parte, aunque parezca paradójico, ese goce que queda como resto, como plus, es lo que se escapa a las nominaciones posibles.

No se puede pedir autorización para gozar, el goce siempre implica a la transgresión.

Buscar en el goce el núcleo de la identidad, verse impulsado a recibir del Otro el nombre de su goce, es intentar encontrarle su lógica. El goce escapa a toda lógica, es innombrable.

Primera vuelta: Edipo
Segunda vuelta: pubertad- elección sexual

La entrada en la etapa fálica, es decir, cuando la falta de objeto que otorgue satisfacción delinea un borde que hace al circuito pulsional donde se satisface, pasa a ordenarse en términos fálicos: tener-no tener.

En esta primera vuelta se resignifica la falta en términos simbólicos. La construcción que a partir de ese tiempo va realizando, tramando de un modo singular RSI, se ve conmovida en la pubertad, lo que impulsa la segunda vuelta.

Que comience la trama subjetiva a partir del Edipo no excluye lo que ha ocurrido en el tiempo anterior; que ocurra una primera vuelta implica que las marcas, que por sí mismas no tienen la posibilidad de repetirse, en este tiempo se hacen significantes, vía función paterna, en su operación metafórica.

El objeto se dialectiza en términos edípicos.

La prohibición del incesto, que toma su lugar para el sujeto en el Edipo (previamente recaía sobre la madre en términos de «no reintegrarás tu producto»), se inscribe como tal en la pubertad, en donde despliega su eficacia. El objeto prohibido (la madre en ambos casos) promotor del deseo, comienza sus desplazamientos que no son erráticos.

La inscripción que se produce en la segunda vuelta es el corte por el desprendimiento del objeto, corte entre sujeto y objeto; de ese corte y de ese desprendimiento, queda una marca.

Así es como algunos rasgos del objeto se vuelven luego atractivos; en la pubertad, el objeto-causa, ahora el partenaire, de algún sexo, que porta la marca del desprendimiento del objeto. Es un rasgo propio de las repeticiones de su constitución como sujeto.

Como la pubertad fue un tema muy trabajado por la psicología y la sociología, se desacreditó durante un tiempo la posibilidad de que pudiera tener una eficacia en la estructura. Esta segunda vuelta tiene su incidencia sobre la estructura

Dijo Freud en *Análisis profano*[34]:

> Esta constitución en dos tiempos de la sexualidad tiene gran relación con la génesis de las enfermedades nerviosas y parece privativa del hombre, siendo quizás uno de los determinantes del privilegio humano de enfermar de neurosis.

En un pie de página del texto «Sobre la psicogénesis de un caso de homosexualidad femenina», plantea que, generalmente, la raíz de las neurosis se encuentra en la temprana edad,

> … mientras que, en nuestro caso de una muchacha nada neurótica, se desarrollan en los primeros años siguientes a la pubertad, aunque también por completo inconscientemente. ¿Habremos de esperar que esta época, demuestre también algún día una decisiva importancia?[35]

Estos fragmentos acentúan el lugar de la pubertad como segundo momento estructurante de la sexualidad, y por ende de la neurosis, de un sujeto. Rompe la idea de evolución o de progreso hacia… y nos invita a pensar cómo en esta segunda vuelta se constituye el objeto como causa de deseo.

---

34. Freud, Sigmund. «El análisis profano», en *Obras Completas del Profesor Sigmund Freud*, Tomo XII, México, Editorial Iztaccihuatl, 1953.
35. Freud, Sigmund. (1920) «Sobre la psicogénesis de un caso de homosexualidad femenina», en *Obras Completas*, Vol. XVIII, *op. cit.*

La inadecuación entre el sujeto y el goce, entre una identificación como hombre o como mujer y el goce que lleva, es estructural e insoportable.

En la pubertad es donde comienzan a darse las preguntas ¿qué nombre le pongo a todo esto que me está pasando? ¿En el cuerpo de qué nombre? ¿A nombre de qué cuerpo yo experimento este goce? Y con estas preguntas se conmueve toda la estructura fantasmática construida hasta entonces.

En la pubertad, en la repetición del momento edípico, algo *toma cuerpo*. Es la repetición, en la neurosis, lo que da consistencia y determina un cuerpo.

La elección sexual

Se ha escrito y pensando acerca de la *afirmación sexual,* la *declaración de sexo»,* entre otras formas de nombrarlo; elijo la palabra *elección* porque permite abordar con más claridad la diferencia entre la elección forzada y la elección forzosa.

La elección forzada aparece en el primer tiempo de la alienación, ligada a la castración: «la bolsa o la vida». Una vez que la castración ha operado, aparece la elección forzosa; hay que elegir: forzosamente se constituye el objeto de deseo en relación al enigma del otro sexo. El deseo aparece como opción, como un optativo.

Como mostramos anteriormente el sujeto se constituye alienado al Otro, las paradojas que se producen (si pienso no soy, si no pienso soy), son constitutivas y van llevando al sujeto por caminos opuestos o inversos, dando vueltas en el mismo lugar. El acto, el corte, proviene de una opción que incorpora una novedad al objeto de deseo.

Lo unario y el agujero

El significante es lo unario que hace corte. La función del agujero, en el lenguaje, es el equívoco: lo que horada el sentido y produce sinsentido; el sinsentido no está por fuera, no es algo externo al lenguaje, está en el lenguaje y se manifiesta en el equívoco.

El sujeto está ordenado por los significantes, se acoge a sus leyes. Como el equívoco forma parte del lenguaje, también hay equívoco en lo sexual; la sexuación no es algo *natural.*

El agujero del equívoco es equivalente a la desproporción sexual, no hay proporción entre un sexo y otro, el fantasma lo vela estableciendo los argumentos de una relación posible. No hay modo de decir la relación de un hombre con una mujer. En principio es una relación al falo, y el falo es el significante de la falta. Ahí está el agujero que promueve todos los lazos, y toda búsqueda de significación: el agujero que implica que no hay relación sexual.

Lo sexual – La sexuación – Lo hetero

Cuando Lacan en el seminario «Les non-dupeserrent», refiriéndose a las fórmulas de la sexuación, dice que

> ... podrían expresarse de otro modo, lo que quizá permitiría avanzar (...) el ser sexuado no se autoriza más que por sí mismo, y agregaría, y por algunos otros...[36]

pone en relación esta lógica con la que rige la autorización del analista, donde el acto es decisivo en lo que él llama, aquí, elección sexual. Esta lógica nos dice acerca de la sexuación, del autorizarse del analista, de los lazos entre analistas y de la enseñanza y transmisión del psicoanálisis.

Es interesante que, aunque Lacan haya ubicado los conceptos fundamentales del psicoanálisis, uno no encuentre un concepto definido, que sea el que dirija un desarrollo; hay frases heterogéneas que funcionan como axiomas, que orientan en la construcción conceptual, pero no pretenden ser universales. No

---

36. Lacan, Jacques. «Les non-dupeserrent o les noms du pere [Los no incautos yerran o los nombres del padre]», Seminario 21, Inédito.

hay unidad conceptual. Cuando plantea que el analista forma parte del concepto de inconsciente, lo descompleta.

Una frase orientadora es: «La realidad del inconsciente es sexual»[37]. Para acceder a la lógica del inconsciente, concepto que funda el campo del psicoanálisis, no podemos alejarnos de la sexuación.

Debemos comenzar por un lugar común y a la vez insoslayable: en el humano, por ser hablante, la acción del significante divide el cuerpo del goce, que seguirá el camino que marcan los significantes.

La atracción de los sexos, es eso: uno atrae al otro. La pregunta es entonces qué hace al otro, otro, y el lugar que ocupa en esa atracción la castración, el deseo, el goce, el amor.

El deseo empuja la búsqueda, siempre insatisfecho; ¿la satisfacción se alcanza?

En tanto hombre-mujer no definen por sí mismos una relación, se habita la dimensión del semblante. Es porque no podemos decir todo hombre, toda mujer, que hay semblante; es el no-todo que abre al lugar del semblante.

Si no hay complementariedad, ¿cómo se alcanza el goce, que apunta al UNO? Es por el semblante, donde una mujer parece ser.

El falo da la razón (relación proporcional entre $ y a) del deseo y la satisfacción se alcanza por el semblante que hace que nada ocupe ese lugar; es decir que lo ubica a su vez como inalcanzable.

Esta lógica hace de los géneros un tema que no atañe al psicoanálisis. No hay quien pueda ubicarse sin objeciones en el conjunto definido hombre o en el definido mujer. Ya en el seminario de la identificación Lacan planteaba que lo que hacía que alguien se identifique a un sexo, era un rasgo y no las propiedades de cada uno.

37. Lacan, Jacques. *Los cuatro conceptos fundamentales del psicoanálisis, op. cit.*

Esta lógica, como decíamos, atraviesa la forma en que teorizamos. Esto indica que no podemos hacer conjuntos con elementos que posean una característica común, por ejemplo, hablar del embarazo adolescente, los adictos, anorexias, bulimia, etc., caracterizaciones propias de la psicología que no se corresponden con esta lógica. Por supuesto que no podemos sustraernos a este vocabulario, pero no podemos sacar conclusiones que involucren una clase.

Si bien Freud plantea la bisexualidad de origen y la sexuación como resultado de la salida del Edipo, es decir que no es por naturaleza, plantea la elección, mal llamada homosexual, como una elección de objeto perversa o equívoca, lo que lleva a que lo hetero es hombre-mujer; el otro, donde opera la castración, siempre sería del otro género. Solo así se explica el nombre homosexual, del mismo género. Si en cambio es un síntoma, un modo de enlazar esos dos que no hacen relación, hace a la forma en que el sujeto se las arregla con el goce y el deseo del Otro.

Esta lógica dice que, como no hay relación sexual, para ir de uno a dos hay que pasar por la castración y su anudamiento es sintomático.

La operación analítica se dirige a producir un efecto sujeto. Como el sujeto se efectúa en la castración, opera con el vaciamiento del significado, el equívoco, hacer con la sorpresa. Es en ese efecto sujeto donde alguien que se inscribe como hombre o que se inscribe como mujer puede tener alguna posibilidad de goce. Es necesario reiterar que lo que se inscribe es la falta, no hay significado de hombre o mujer.

Forzamientos – La bolsa o la vida – Un sexo o el otro
Sus pérdidas

Primer forzamiento: el sujeto se incluye en el lenguaje al precio de la pérdida. ¿Qué pierde? El cuerpo animal, el goce absoluto. El goce sin falla, sin falta. Pierde eso y se incorpora al goce fálico, el goce del tener-no tener, la presencia-ausencia propia de lo simbólico. Decimos a esta elección *forzosa* en tanto que propiamente no hay más elección que la vida sin la bolsa.

El goce del cuerpo es pulsional, el cuerpo es pulsional, lo que funciona en el cuerpo son las pulsiones parciales. Por lo tanto, ahí no hay ninguna pregunta por *yo*; no me tengo que identificar a nada para gozar de lo que gozo.

Un chico no tiene que preguntarse si es nene o nena para masturbarse, es el perverso polimorfo, alguien que no tiene un objeto determinado por fuera de él mismo que lo cause, hacia el cual se dirija su deseo, sino que su goce está centrado en pulsiones parciales.

Llegado al momento del Edipo, se hace la primera vuelta, en donde aparece la prohibición, y hay un proceso de subjetivización de la pulsión: entran en el fantasma a partir del Edipo, se incorporan a una fantasmática, el goce se articula a una gramática. Ya hay una transferencia de goce del cuerpo al lenguaje, una gramática pulsional, que es el fantasma.

El Segundo forzamiento es en la pubertad, cuando debe afectarse de un sexo.

En el momento de la pubertad tiene que haber otra pérdida, que es la pérdida del goce del otro sexo. Tiene que asumir la diferencia de los sexos, a consecuencia de lo cual pierde ese otro goce, que es supuesto, es una construcción. Ese *goce del otro sexo* se convierte en objeto de deseo.

El objeto es el que constituye al sujeto: una vez que alguien capta por dónde goza, ajusta sus identificaciones, las trama de forma que articulen con una identidad determinada. Eso ocurre en la pubertad.

Esta constitución en dos tiempos de la sexualidad convoca a la abstinencia del analista. Si el analista interviene, porque está interesado en saber acerca de la sexualidad de su paciente. Esta intrusión, más que intervención, se percibe violatoriamente, lo que en general lleva al abandono del tratamiento. (Utilizo las palabras paciente y tratamiento pues resultan de ese hacer).

El modo en que la sexualidad irrumpe en el sujeto en la pubertad, en tanto algo ajeno que invade, produce innumerables efectos según como se hayan ido tramitando las relaciones edípicas, el lugar que ese cuerpo de niño tenga para la madre, entre otras.

Una analizante llega al análisis considerándose hipocondríaca. Había tenido terapias anteriores que por momentos atenuaban sus temores, pero al poco tiempo volvía el terror a la muerte; decide comenzar el análisis. La segunda vez que me comenta que sus padecimientos han vuelto, registro que en ambos casos se trataba de algo que veía de repente (en el primer caso una manchita, en el segundo una vena hinchada) y que le significaba una enfermedad mortal.

Le pregunto, en el medio de su relato, cómo había sido su primera menstruación. Sorprendida, comienza a asociar con el horror que le había producido y su *melancolía* porque dejaría de ser una nena. Esto la lleva a relatar que su hija, de seis años, le dice que no quiere crecer, y hace otras asociaciones en las que se visualiza un alivio por haber dicho *eso* que precisaba ser dicho.

Otra analizante, que por sus características físicas en su pubertad parecía más grande, tuvo un requerimiento sexual que quedó significado como abuso, luego de lo cual produjo una fobia al acercamiento con intensiones sexuales, que le impide hacer pareja.

No intento simplificar, la trama en estos análisis es importante, sólo pretendo indicar el efecto de la intrusión sexual en el tiempo del sujeto según los recursos que este tenga para asimilarlos.

Para que uno se inscriba de uno u otro lado, tiene que haber un llamado, una demanda de inscripción. Ese llamado puede ser de la cultura, del cuerpo. Cuando el cuerpo empieza a sentirse diferente se vuelve otro, un cuerpo ajeno; así el cuerpo llama, desde otro lado, a la inscripción como hombre o como mujer.

El sujeto busca una relación entre lo que cree que es y su goce, lo que lo lleva a encolumnarse como hombre o como mujer. Hombre y mujer que primero son, para el sujeto, complementarios.

En *La instancia de la letra*[38], Lacan trabaja la idea de cómo es el proceso por el que se consigue que el significante Hombre y el significante Mujer planteen como tales una diferencia que permita una relación.

En un primer tiempo, poniendo en juego el modo en que cada uno elige a qué baño ir (los niños van con la madre en general, a veces con el padre, pero no eligen por su sexo sino por el de su progenitor) suponiendo que no se conociera el idioma en el que están escritos, Lacan muestra cómo se deduce que, en principio, son baños, y que uno es de Damas y el otro es de Caballeros, porque están en yuxtaposición; luego habría que esperar que alguien entre y eso orientaría según uno se identifique.

Cuando cada uno tiene valor de tal por estar al lado del otro, se pone en juego la complementariedad entre los sexos. Esta función complementaria aparece en la adolescencia cuando la pérdida de goce no se produce. Ambos hacen uno.

Una analizante cuenta que comenzó con un noviecito cuando sus amigas aún gozaban de sus fantasías sexuales entre ellas. Esto le *permitió* eludir sus dificultades con sus pares, por un lado, y su definición sexual, por otro. Estar con él le

---

38. Lacan, Jacques. «La instancia de la letra en el inconsciente o la razón desde Freud», en *Escritos 1, op. cit.*

garantizaba que era mujer. Cuando se separa se le derrumba este andamiaje.

Lo que permite que el significante Hombre o Mujer operen como diferentes es el fantasma. Esa diferencia no está en el origen.

La identidad sexual no es proporcional al goce sexual. El sexo al cual me inscribo no me garantiza un goce propio de ese sexo. Lo cual habla de esa inadecuación entre la identidad sexual y el goce. El cuerpo goza, y no necesariamente goza de acuerdo a la identidad que porta.

La inadecuación entre el sujeto y el goce, entre aquello a lo que se identifica, a donde se inscribe como hombre o como mujer, y el goce que conlleva, es estructural. El fantasma intenta soportar lo insoportable de esa inadecuación.

Esa inadecuación insoportable se despliega en la pubertad: qué nombre le pongo a todo esto que me está pasando, en el cuerpo de qué nombre, o a nombre de qué cuerpo yo experimento este goce. Esto conmueve toda la fantasmática construida hasta ese tiempo.

En un prólogo a la obra de teatro *Despertar de primavera*[39], Lacan plantea el lugar del padre y el lugar de la castración en la adolescencia. El lugar del padre como el enmascarado, no como el padre imaginario sino como función simbólica; y el lugar de la castración como el no saber, el no ver todo. Cuando el adolescente tiene que hacer su elección sexual, el otro sexo se vuelve inaccesible, queda como enigmático, y gracias a esto desea; no obstante, algunos no tienen los recursos para hacer ese duelo, y quieren ver del otro lado, *ver todo*.

No hay un goce adecuado a un sexo. Están los goces y uno los adecua como puede a la elección, porque la elección es

---

39. Lacan, Jacques. «Despertar de primavera», en *Intervenciones y textos 2*. Buenos Aires, Manantial, 1988.

subjetiva, identitaria, se construye con identificaciones: está de lado del significante, no del lado del objeto. Claro, hay sensaciones del cuerpo que se toman como signo; el cuerpo queda librado a algún goce, y después se trata de encontrarle algún significado.

Freud ubica la pulsión oral, la pulsión anal, la fálica, y respecto de la genital Lacan dice, en el capítulo XV del seminario de *Los cuatro conceptos fundamentales del psicoanálisis*[40]: «si existiera (...) se hace hacer en el campo del Otro». No es una pulsión que provenga, como la oral y la anal, de una zona de intercambio que se encuentre en el propio cuerpo. Se hace hacer en el campo del Otro, es de otro orden; la pulsión genital ya implica la construcción del fantasma que sostiene un deseo. Ahí hay algo distinto de lo que puede ocurrir en un niño.

En el tiempo del adolescente, en la medida en que se desajustan su imaginario y su simbólico, porque su cuerpo presenta sensaciones que no sabe qué son, porque también crece y no entra dentro del imaginario del cuerpo que tenía hasta ese momento, eso que había ido construyendo sentidos también se desmorona. Por eso esta avidez de sentido de todo sujeto en ese período es fundamental, porque los paradigmas en los cuales estaba se modifican absolutamente.

Existen casos en los que el paciente, no digamos analizante, con un padecimiento o un desajuste con la sociedad, plantea que, por ejemplo, desde niño se siente mujer. Eso, a nosotros, nos tiene que interrogar: ¿qué querría decir que un niño se siente mujer? Si bien el cuerpo es imaginario, a su vez es pulsional, por lo tanto, se relaciona con lo real a través del objeto **a** y en la época del espejo necesita, para confirmar su imagen, para dominar su imagen, su yo

40. Lacan, Jacques. *Los cuatro conceptos fundamentales del psicoanálisis*, *op. cit.*

ideal, de la confirmación del Otro. Ahí está lo simbólico. No hay alguien que se sienta mujer por naturaleza. Nadie se siente ni hombre ni mujer por naturaleza.

El sujeto es sexuado porque se organiza con las leyes del significante, el significante tiene que ver con la diferencia y la diferencia tiene que ver con la diferencia de los sexos, es uno y otro.

¿Por qué uno se siente atraído por algunos de un sexo determinado?

Hay la búsqueda de una identidad sexual, como suma de un conjunto de identificaciones que, a su vez, tienen que vehiculizar ese goce que reside en el cuerpo. No hay goce en el sujeto, el sujeto no goza, el que goza es el cuerpo.

¿Cómo hago para pasar ese goce del cuerpo a yo? No hay un goce masculino y goce femenino netamente. El goce es en el cuerpo, las pulsiones son parciales. El goce fálico es el goce posible para el sujeto afectado por las leyes del significante, hay pulsión parcial, hay goce, pero que no representa a una identidad sexual, representa a una parte del cuerpo, es parcial y es del cuerpo, no es de yo. El falo, por ser la marca de la diferencia, como significante de la falta de objeto. A su vez, el falo, como la parte del cuerpo que puede ser separable, introduce la prohibición por la amenaza de castración; se identifica al goce fálico como masculino porque el cuerpo de hombre lo porta, aunque lo que porta es sólo la marca de la diferencia que hace que uno y otro se relacionen al falo. Mientras que lo que se ubica como goce femenino es otro goce, se refiere al goce que escapa de la lógica fálica tener-no tener. Pero como decíamos, esta posición no deviene identidad.

El cuerpo, los goces
y la «identidad» de género

Para pensar en la llamada *identidad de género*, hay que poner en juego la relación entre el deseo, el goce, el amor, la posición subjetiva y la identidad en el sujeto parlante.

Hablar del goce, el deseo y la identidad sin tener en cuenta el discurso del psicoanálisis es como pretender enviar un cohete a la luna sin tomar en cuenta la teoría de la gravedad.

Para el psicoanálisis, desde Freud en adelante, el sujeto no sabe qué lo constituye. Este saber sólo se alcanza en la escala invertida de la ley del deseo; allí donde la identidad queda descentrada y se aparta de lo que *pienso que soy*. Luego Lacan despliega esto y lo complejiza, advirtiendo que la identidad va más allá de encontrarse con *uno mismo* y legitimarlo.

A diferencia del resto de los animales, el humano pierde capacidad de orientarse por el instinto (por el hecho mismo de ser hablante) y debe, en su adquisición del lenguaje, ir ajustando su lengua a lo que dice su cuerpo —eso *habla*—. Su cuerpo, atravesado por el lenguaje, queda dominado por una especie de goce, el goce fálico, que lo rige con leyes que provienen del significante (tener-no tener, presencia-ausencia). Pero algo escapa a esta operación y surgen *otros goces*.

Alejados de lo instintivo, que provee la diferencia entre macho y hembra ¿qué hace que un hombre sea hombre o una mujer sea mujer? ¿Qué lleva a un humano a ubicarse en el lenguaje como él o ella?

Un acontecimiento. Una segunda vuelta que se produce en la pubertad, cuando el sujeto hace de su objeto de goce, hasta el momento asexuado, otro sexo. Serán dos: uno, al que me identifico derivando en una posición subjetiva, y el otro, enigmático, objeto de deseo.

Hasta este tiempo, ni el goce oral, ni el anal, ni sus deseos concomitantes diferencian a un niño de una niña. Freud llamó a los niños «perversos polimorfos», ya que sus goces no pueden adjudicarse a una identidad sexual. No es fácil en la pubertad ajustar aquello de lo que se goza a lo que se desea, y a partir de allí acomodarse a un sexo. Los rituales de iniciación, muy específicos en culturas primitivas, existentes aún en algunas religiones y más diluidos en nuestra cultura, muestran que este pasaje, que no es solo a la adultez sino a una identidad sexual, no es propio de la naturaleza.

Actualmente, el tema de la identidad de género está en debate. Tal vez por homologarse a otros debates como, por ejemplo, al debate acerca de desear (gozar y constituir como objeto sexual) a otro del mismo sexo biológico, y los derechos civiles concomitantes, por ubicarlos en la misma línea se pierde su especificidad y se borronea el punto de apoyo desde el que se puede pensar.

Es preciso entonces diferenciar los debates.

Respecto del modo en que se entraman la subjetividad y los derechos civiles: veamos una situación, un sujeto se constituye como neurótico y advierte que no hay objeto que lo colme; esto causa su deseo. Su deseo resulta orientarlo hacia alguien del mismo sexo biológico, a quien ama y con quien quiere compartir su vida. Para este sujeto, el matrimonio igualitario es una ampliación de los derechos civiles, ya que legitima un lazo en la sociedad.

En cambio ¿qué derechos amplía inscribir en un documento una identidad sexual que no dice nada para un niño? ¿A quién satisface esa inscripción, esa nominación apresurada?

En un caso ocurrido recientemente, una niña de diez años recibió un nuevo documento en que se le asignaba el género masculino; como nombre se puso «Facha». Su madre relata que advirtió esta situación cuando su hija, siendo muy pequeña, le dijo: «la cigüeña se equivocó, soy un nene». ¿Cómo podría auto percibirse masculino alguien que aún no sabe de la diferencia de los sexos ni que los niños surgen del encuentro entre un hombre y una mujer? (más allá de las nuevas formas de fecundación, que en cualquier caso poco tienen que ver con la aparición de una cigüeña parisina con su moisés.) ¿Cuál es el derecho que se amplía en este caso?

El cuerpo del niño representa una respuesta al deseo de la madre, está tomado en el fantasma materno; recién en la pubertad, luego de la segunda vuelta por el Edipo, el sujeto constituye su propio fantasma, donde se hará eficaz la función paterna. Que un niño varón se identifique a algunos rasgos de una mujer no implica que goce como una mujer. El cuerpo del niño busca aún ser el objeto de deseo de la madre. Como todo cuerpo de *parlanteser*, es un cuerpo de sujeto efecto del lenguaje; el carácter equívoco del significante es lo que va moviendo a elecciones que lo van ubicando de un lado u otro. En este caso, lo que aparece en lugar del equívoco es una certeza: soy un nene. Más allá de lo que esto signifique.

Ninguna identidad, menos aún la nebulosa identidad sexual, deriva del éxito y la comodidad de una certeza, sino más bien de un derrotero de incómodos equívocos.

La elección sexual implica la articulación entre el cuerpo al que el sujeto se identifica y el partenaire que desea y del cual goza, siendo este cuerpo la metáfora de su goce. El niño puede identificarse a un sexo, pero su sexualidad es polimorfa; no podríamos hablar todavía de elección sexual. Y en ningún caso, a mi entender, deberíamos hablar de homosexualidad, ya que el partenaire, salvo que esté solo a título de objeto (como en la perversión), es aquello enigmático que funciona como causa, es decir, lo hetero.

El año pasado fue noticia un niño de cinco o seis años. Se lo observaba bien acomodado en la imagen femenina, sin tenerlo, lo que podría terminar haciendo signo a un sujeto en posición masculina (como en la película *El juego de las lágrimas*). Pero ¿esto sería equivalente a una mujer? La mujer como *no toda fálica* está en el lugar del semblante. Hay que diferenciar entre semblante y mascarada.

El cuerpo toma la forma de lo que goza. El sujeto que (supone) goza el goce de una mujer puede acomodarse a las vestimentas y gestualidades consideradas femeninas, y con eso decir algo. Puede buscar ser reconocido en eso. Como todos. Toda búsqueda de reconocimiento parte de lo imposible que resulta llegar a una identidad.

¿Una identidad? ¿Identidad respecto a qué? Muy bien, la identidad de género no se define por lo anatómico, pero ¿a qué identidad nos referimos? ¿Hacer uno con qué? Yo digo Yo: el primer «Yo» no es igual que el segundo. No hay identidad de percepción, ni lo que percibo dice la verdad. ¿Qué implica que alguien se autoperciba de un sexo? ¿Ese sexo determina un goce sexual? ¿O solo una imagen?

La elección sexual, que no es voluntaria, ocurre en la pubertad, cuando el objeto de goce es sustituido por el otro sexo, enigmático; esto conlleva una responsabilidad: asumir un sexo es asumir a su vez la castración. Es decir, asumir que el goce tiene un límite.

(Artículo publicado en el diario *Página /12*)

Pausa y resonancia II:
cuatro fragmentos clínicos

El sujeto está alienado al Otro, y en tanto ese Otro es sede de la palabra no puede nunca separarse de este campo. Los cortes que se producen en el análisis, mediante la escansión, delimitan y rectifican la deriva pulsional, el itinerario de la pulsión. Hacer con estas marcas algo nuevo está ligado a ir más allá del padre a condición de servirse de él. Saber hacer con las marcas que orientan, y no ser angustiados prisioneros de ellas, implica una actitud respecto a la castración. El humor es un ejemplo de esto.

La cura puede ser uno de los nombres de la salida que el sujeto busca en la clínica. La paradoja consiste en que aquello a lo cual el sujeto está alienado es lo que a su vez lo sostiene.

Lacan, hablando de la sublimación en la clase del 22 de febrero de 1967, en su Seminario de *La lógica del fantasma*[41], dice: «... es en la medida en que alguna cosa, algún objeto puede tomar el lugar que toma −φ, en el acto sexual...». Sitúa tres cosas en este momento: la primera, que no hay proporción sexual. Que hace falta el −φ para que haya acto. Y que luego del acto cada uno sale diferente. Entran como niños y salen sexuados. Algo ocupa el lugar de −φ, se produce

---

41. Lacan, Jacques. "La lógica del fantasma", Seminario 14. Inédito.

la ilusión de unidad y luego al advenir la detumescencia se vuelven a confrontar con la castración. La castración es lo homólogo a ese punto donde es necesario elegir entre «no pienso» o «no soy».

Los testimonios que presento aquí no refieren al tiempo que cronológicamente podríamos adjudicar al adolescente, sino que manifiestan en el análisis los restos de esa operación de pasaje.

Primer fragmento

A, quién había interrumpido hacia un tiempo el análisis, concurre nuevamente, angustiada por una situación de infidelidad del marido. Utilizando el sentido común diríamos que el hecho era de poca importancia, pero ella se encontraba sumida en la angustia y eso motiva su retorno.

Está entrampada. No puede salirse de la escena en la que ve a su marido con la otra. Las asociaciones la llevan a revelar que su modo de goce consiste en imaginar a su marido con otra durante la relación sexual. Teme incluso haber causado esta realidad. Simultáneamente esta escena la remonta a otra, de su estructura familiar, donde su madre, enferma, hostiga al padre porque le es infiel. Esto resultaba un enigma para ella: la madre parecía sólo interesarse por eso.

La analizante se encuentra ante la alternativa de la repetición de la escena que implica goce en el fantasma, donde usufructúa este nuevo goce surgido de las peleas con el marido, donde recuperó su cuerpo para el sexo. Esto es: para poder gozar debía pensar a su marido con otra; a partir de esta situación ella se incluye en la escena y disfruta de esta relación sexual. En esta última posición se encuentra muy vacilante e insegura: *no soy*. O bien tiene la otra alternativa: abandonar al marido para salirse de la escena del Otro, lo que ubicaríamos como pasaje al acto, o *acting*.

No realiza ni se inclina por ninguna de las alternativas, sino que acude nuevamente a análisis.

Cuando se presenta esta alternativa en un análisis, el analista, ante su ansiedad, por la paradoja que enfrenta su paciente, puede empujar a alguna de las dos vías haciendo imposible el acto.

Segundo fragmento

Una joven casada llega al análisis con una fobia grave. Sólo podía desplazarse con su madre o, últimamente, con su marido, con quien estaba recientemente casada. Esto implicaba que no estaba pudiendo ejercer su profesión.

Simultáneamente padecía una afección del ritmo cardíaco. Luego de varios años de análisis en los que dichos síntomas dejaron de operar, es decir que aunque se mantenían no la imposibilitaban, llega el momento en que sabe que, por su edad, tiene que resolver si desea tener un hijo. Antes, su fobia y arritmia eran argumentos por los que no se animaba; ahora, ya sin esos síntomas, la arritmia como síntoma médico continuaba, surge el problema de que no es con su marido con quien quiere tenerlo, a pesar de que se llevaban muy bien, como hermanos. Fantasea con irse de viaje y tenerlo con alguien afuera. Simultáneamente, comienza a sentir que un profesional con el que trabaja, dueño de la empresa, con quien había tenido problemas que le generaban un gran malestar, estaba interesado en ella, y comienza a fantasear con él.

La dualidad empezó a instalarse de un modo muy fuerte produciéndole mucha angustia. Uno podría pensar, aquí es donde hace falta el acto. Ahora ¿qué implica esto? Ella quería que él, el amado, supiera por lo que ella estaba pasando, este era el núcleo, *quería que él supiera*, pero después no quería que pasara nada, porque no estaba dispuesta a poner en cuestión su matrimonio, con el que estaba muy tranquila.

Mientras tanto, los encuentros con su jefe le encantaban, pero le producían taquicardia.

El análisis llevó a este sujeto hasta su punto de corte, a las marcas por donde se puede producir el corte. En donde antes operaba el síntoma, surge el fantasma. En el transcurso de este tiempo relata que su madre, una mujer permanentemente insatisfecha, había tenido un primer novio del que estuvo enamorada, y él se fue del país. Luego él le escribió una carta, pero la hermana de la madre retuvo la carta, por lo que ella, la madre, al no recibirla, nunca le contestó. Y él nunca supo lo que ella había sufrido por amor. Él nunca supo, es el núcleo de lo que ella está sufriendo por amor. Quiere que él sepa lo que ella está sufriendo. El casamiento con el padre fue sin amor.

O le hablaba a su amado o a su amor imposible; o concretaba lo que le faltó a su madre para ser feliz y perdía a su marido, o se quedaba con su marido y perdía el goce.

No me interesa contar como siguió cada análisis, sino cómo se presenta en un análisis la marca de la falta en el Otro, lugar de posible corte para que el objeto de goce, al perderse, divida al sujeto causando su deseo. Deseo que lo lleve a confrontarse con su opción sin la salida del pasaje al acto: en aquel caso hablar con el amado porque no puede hacerse cargo de las consecuencias de ese acto, o poner en escena el fracaso del matrimonio de la madre en su propio matrimonio.

Tercer fragmento

Cuando se comienza a plantear el fin del análisis, luego de doce años, la paciente decide hacer un viaje que le pondrá fin a ciertas circunstancias de su vida, a las que, aunque las había analizado suficientemente, no les podía dar un corte.

Una de ellas era la posición en su familia, en la que ocupaba un lugar central. Había ideado una empresa en la que trabajaba gran parte de su familia. Su habilidad para los negocios era muy notoria, lo que acentuaba esa situación, facilitando por otra parte su disposición a pagar deudas ajenas. Salvo su primera y principal pareja, de la que había aprendido el negocio, con quien habían llegado a ser buenos socios, pero el deseo era escaso, sus otras parejas habían sido hombres que la satisfacían sexualmente, pero no ocupaban el lugar del «hombre de la casa». Esto constituía la segunda vicisitud de la que se quería separar.

Luego de pasar varios meses en el exterior, vuelve llamada por un problema de un familiar. Pide una entrevista, no sabe bien para qué, pues está segura de no querer volver a las mismas cosas. En el relato de su estadía en el exterior, de la que vuelve unos meses antes de lo previsto, dice: «Me faltó un tiempo». Señalo que esto se relacionaría con su retorno a análisis, «Me faltó un tiempo para terminar el análisis, retorno para terminarlo».

Sus asociaciones sitúan una alternancia en relación al tiempo, en la que, para resolver una situación, o corta antes de tiempo o se eterniza sin visualizar el fin. Decidimos, en ese momento, trabajar en un mínimo de ocho meses y un máximo de diez para dar por finalizado su análisis. Señalamos las fechas de las sesiones a las que se les podría agregar otras intermedias, pero siempre dentro de lo que llamamos un fragmento de tiempo.

Sus dificultades en relación al *apuro* la habían llevado a preferir hacer negocios, que eran más rápidos para hacer dinero, que desarrollar su profesión, para lo que hacía falta más tiempo. A este *apuro* lo convirtió en rapidez para los negocios, lo que la hizo avanzar muy rápido económicamente, pero simultáneamente consolidaba esa posición en su familia de la que quería salir. Allí donde el padre no era suficiente para el sostén económico de la familia, estaba ella. Esto la colocaba en una situación paradojal. Ella estaba orgullosa de ese lugar, pero se sentía abusada. Lo que podría ser un *logro* constituía una resistencia en relación a su deseo.

¿Cómo salir de su fantasma de abuso?

Si bien había ido accediendo por distintas vías, construyendo a partir de cortes, su fantasma fundamental, su *destino* o el de la pulsión, en la que quedaba identificada al objeto del abuso, no se restaba.

De lo sexual se había trasladado a lo económico, pero su circuito era semejante. Relaciones que comenzaban prometiendo ser distintas, desembocaban en un lugar semejante. La paradoja podríamos sintetizarla así: si alguien se acercaba demasiado, cosa que en un comienzo permitía para concretar sus ansias de pareja y posterior familia, terminaba sintiéndose abusada, o si él no le demandaba eso que ella tenía se sentía inconsistente, insegura. Esto último, que dice la verdad de la castración, es insostenible. Lo primero, en que se sentía abusada, propiciaba el goce en el fantasma.

Cuando retorna de su viaje, luego de las primeras sesiones correspondientes a la serie mencionada, entabla una relación con quien parece tener eso que le hacía falta en un hombre, pero que siempre resultaba tenerlo ella. No olvidemos que la identificación al falo es el punto de sutura frente al vacío del objeto. Además de ser sólido, este hombre utilizaba estos ingredientes para responder a los pedidos de ella, pero allí ella se sentía incómoda, hasta que formula la frase de que se está aprovechando, abusando de él.

—Pero, parece que a él le gusta —intervengo—.

Las asociaciones que siguen a esto corren el velo en relación al objeto abusado y aparece el deseo. Recién cuando invierte la posición, puede dejar caer este abuso, como modo de goce en el fantasma.

Relación del tiempo a la castración

La ansiedad de esta paciente, que la llevaba a precipitar situaciones en las que, luego reflexionaba, le había faltado un tiempo, o que se eternizaba corriendo en el mismo lugar, funcionaba eludiendo la conclusión, esto es, la castración.

Ubicaré la diferencia entre la primera interrupción y la segunda. En la primera, poner una distancia geográfica y temporal que coincidía con un tiempo de fin de análisis (si bien no descartamos que poner estas distancias a veces promueve cambios) en términos estructurales eludía la conclusión, mantenía aún la ilusión del encuentro logrado, en lugar de concluir asumiendo la paradoja constitutiva. Esto sitúa su punto de alienación, que es el mismo que, al ser metaforizado, marca la hiancia que es causa de deseo.

Si bien finalmente esto eludía la conclusión equivalente a castración, la significación que producía este viaje permitía darle una vuelta más a su fantasma, acercándola a la conclusión.

En una primera época de su análisis, el significante «mar» estaba ligado a inundación y ahogo. Esto que aparecía profusamente en sus sueños, en la vida cotidiana se presentaba como claustrofobia. Luego de un tiempo de análisis, a raíz del trabajo de un sueño, formula la siguiente frase: «el mar está calmo, no tengo que huir, puedo decidir qué hacer, paradójicamente esto me produce cierto vértigo». No es casual que el modo que encuentra para propiciar su separación sea cruzar el océano.

Cuarto fragmento

Un analizante de treinta años, en un momento avanzado de su análisis.

Su madre ha tenido mucha presencia en su vida, no tanto por las atenciones que le otorgaba sino por las irrupciones violentas que sufría sorpresivamente y que lo descolocaban del lugar que tenía para ella, que en otros momentos solía ser muy amorosa. El padre no podía poner límites a estos arranques de su mujer, de los que algunas veces también él era objeto; su intervención consistía en recomendarle a su hijo que no haga esto o aquello para no despertar la ira de la madre, es decir, *portarse bien*, sin que quedara muy claro en qué consistía esto.

En este tiempo del análisis su síntoma se manifestaba como una imposibilidad de colocar a una mujer como objeto en perspectiva, esto es, proyectarse con una mujer.

Desde muy joven, a los 18 o 19 años, comenzó a tener noviazgos prolongados. Esto por un lado lo afirmaba sexualmente y por otro resultaba un intento de alejarse de la mirada de la madre, lo que no siempre conseguía. Cuando cursaba la segunda de estas relaciones comienza su análisis. Su cuestión era la falta de entusiasmo por lo que estudiaba, no sabía si lo hacía por él o por los padres, y la falta de entusiasmo por su novia, con la que tenía un buen encuentro intelectual; era sumamente celoso, lo que hacía que la relación implicara bastante sufrimiento. Luego de un par de años se separa y la frase que anuda esta decisión es: «Cuando la necesité, no estaba».

La primera relación se había terminado, según pudo reconstruirse, «porque lo ahogaba»; ella lo perseguía diciéndole que si él la abandonaba, se suicidaría; la segunda, porque no estaba. Construyó estas dos realidades pacientemente: las dos caras del lazo con su madre; no había allí un corte que le permitiera colocar a una mujer en el horizonte, se volvía a encontrar con lo mismo. La salida propuesta por el padre, *portarse bien*, convertía sus noviazgos en políticamente correctos, como los nombraba, pero nunca estaba muy seguro de desear a la mujer con la que estaba.

En la tercera y cuarta relación va tramitando sus celos. Cuando se va a vivir solo, comienza a sentir una gran angustia si su novia dejaba algún objeto en su casa, lo vivía como una gran invasión y aunque se viera como muy descortés debía pedirle que no dejara nada o que no se quedara a dormir.

Esto se fue tramitando y diluyendo en el análisis, pero no alcanzaba para desear que esta fuera su mujer; esa idea aún lo tensionaba, lo ponía en guardia de tal forma que no podía dormir bien. No podía acomodarse con alguien, sentirse cómodo, ni en su casa: si bien decía que era muy linda, también decía que no tenía un sillón cómodo.

Cabe señalar que las dos últimas relaciones finalizaron cuando ellas comenzaron a hablar de casamiento; se fue haciendo evidente en el transcurso de estas relaciones sus modos de restarse de las demandas de una mujer. Estos recursos fueron cayendo en el análisis, lo que lo dejó de algún modo desarmado frente al horror.

Aquí viene una pregunta que es más ética que teórica; este analizante, luego de un tiempo de análisis, se había conectado de un modo deseoso y productivo con su trabajo, tenía éxito con las mujeres y podría haber sido un soltero codiciado, pero continúa el análisis y se topa con lo siniestro en busca de su deseo.

Volvamos al plano proyectivo: la superficie que representa es el lugar donde se inscribe de forma finita lo que es infinito; el carácter infinito de lo simbólico (S1, S2,…Sn) es un espacio inhabitable para el humano, ya que las marcas, para que lo orienten, deben anclar en una imagen, en un cuerpo que le de consistencia. Allí aparece la imagen virtual donde construye su narcisismo y donde soporta su rasgo unario, es la primera proyección.

A lo largo de la vida va tirando los hilos para adelante construyendo su perspectiva. De la recta impropia, recta por la que se hace el corte que divide las dos estructuras, Moebius y disco, hace línea de horizonte. Hay oportunidades en las que, como en la película *Truman Show*, lo que parecía un horizonte marino era una pared: el colmo de la claustrofobia; el sujeto debe huir y no sabe cómo, el plano se le acerca, pierde perspectiva, el velo se ha caído.

Los puntos en el horizonte que ordenan la imagen representan los puntos de identificación al ideal del yo que facilitan el hacer con el mundo; cuando esto es deficitario el sujeto apela a sus puntos de identificación con el Otro imaginario, por lo que responde con el cuerpo para hacer con el objeto.

Recuerda que, cuando era niño, en una oportunidad en que no quería comer, su madre, acompañada por su padre, lo obligó a comer, y como él se resistía los padres le dijeron que se quedara en la mesa hasta que comiera. Ellos se fueron a dormir y él se quedó en la mesa hasta que en la madrugada la madre se condolió y lo fue a buscar.

La madre, que no había podido amamantar a su hijo porque pensaba que su leche no era buena, temía que él muriera y transformaba el momento de la comida, de las primeras relaciones a un objeto que produce placer, en una escena de terror; eso se traducía en que durante mucho tiempo cualquier comida le caía mal, no disfrutaba de comer y se sentía frecuentemente asqueado.

La madre lo atoraba, no por la cantidad o por la frecuencia con que le daba, sino porque no hacía lugar a lo que él quería. Una anécdota que quedó como una metáfora en el análisis: la madre, muy solícita, cuando él estudiaba de noche le preguntaba si quería café, aun cuando sabía que él no tomaba café.

Un día, en que apuraba el paso para volver a su casa a cocinar porque mantenía el recuerdo de un sabor que quería repetir, descubrió lo que es el deseo en relación a la comida. Esto hoy lo alienta a seguir avanzando hacia poder paladear a una mujer hasta querer repetirla.

El equívoco es lo singular del acceso a la lengua, del posicionamiento del sujeto en la lengua, señala el marco del fantasma, por lo que un lapsus o un sueño son una ventana al mismo.

Había tenido cuatro sueños una misma noche; en el primer sueño, en el relato oral (luego me lo trae escrito, ya que después de escucharlo considero que puede aliviarlo que lo escriba) dice que está con una mujer encima de él, que lo besuquea, está el padre parado en la puerta, como si compartieran el cuarto, el padre le habla, la mujer lo mira al padre, él corre la cabeza, porque estaba debajo de la mujer y ve al padre, pero no le responde a ninguno de los dos. Allí se pone en escena el acoso que sufre por una mujer, y el padre *como si nada*, no sabe cómo sacársela de encima, sólo puede no dar bola. Resistirse no dando bola nos recuerda a la escena de la comida, resiste y existe a costa de no desear.

En el último sueño, aparece su analista. El tema de acomodarse, ponerse cómodo, es permanente; si bien esto no fue dicho en sesión, en el hecho de acomodarse en la sesión surge lo incestuoso, ya que la sesión transcurre en una fiesta y el almohadón en el que se va a apoyar, por el gesto que hizo, era más bien una almohada.

Allí donde el sujeto se prepara con el corazón en la boca a recibir eso que debía mantenerse por fuera para permitir la relación deseosa a su objeto, la interpretación en su vertiente poética o humorística recoloca al objeto en su realidad ficcional. Dice Freud: «hasta una aparición verdadera, como la del cuento de Oscar Wilde, *El fantasma de Canterville*, pierde todos los derechos a inspirar por lo menos terror, cuando el poeta se permite la broma de ridiculizarlo y burlarse de él»[42].

Por cierto, la posibilidad de que una intervención humorística vuelva a su lugar, (punto fuera de línea que hace posible el pasaje de una estructura a otra y la proyección donde alojarse como deseante) sólo puede ser en transferencia positiva, de otro modo la operación dejaría el terror del lado del analizante y el goce del lado del Otro.

La mirada de la madre no es goce absoluto ya que ella se encuentra atravesada por la castración, pero del lado del niño, él es objeto de ese goce, es gozado. La mirada de la madre hace consistir al *infans* como Uno, haciéndolo objeto de su goce, consistencia que se paga con el deseo si no adviniera la prohibición simbólica.

---

42. Freud, S. (1919h) «Lo ominoso» en *Obras Completas*, Vol. XVII, Buenos Aires, Amorrortu Editores, 1992.

A la angustia por la separación de su objeto (yo en la mirada de la madre), le sucede el fantasma como estrategia del sujeto para significar su realidad desde un punto de vista axiomático que elide la mirada materna. Se fija un axioma determinado en relación a la realidad de ese sujeto, no como serían las formaciones del inconsciente o como el sujeto efecto de la articulación significante, sino de un modo axiomático, es decir, se parte de ahí y a partir de ahí, sería en sí una metáfora de la mirada de la madre; opera la metáfora paterna que promueve un axioma de significación respecto de la realidad de ese sujeto, es decir que lo que antes hacía consistir al sujeto en relación a que la mirada de la madre lo significaba como Uno, pasa a ser sustituido por la significación fantasmática que elide la mirada materna.

La proyección de este punto de vista en el punto impropio promueve un horizonte, o sea, pasar de la mirada de la madre al punto impropio promueve un horizonte.

La hipótesis es que, siendo deficitaria la vertiente paterna no se sostiene el punto fuera de línea, o punto impropio, con lo que la perspectiva se aplana y el objeto se *viene encima*. En lugar del deseo surge el horror, lo siniestro.

Hay diferencia con la angustia: si bien se recubren en parte, no siempre la angustia está ligada a lo siniestro. La angustia como señal de la amenaza de castración funciona anticipándose a lo siniestro; aquí lo imposible puede hacerse posible, el significante es abolido como representante de la falta, el significante *es*, símbolo y simbolizado coinciden, no hay escisión. Estos efectos de siniestro en el trayecto de la constitución del sujeto van moldeando la estructura.

La fobia es una estrategia del sujeto para hacer existir la escisión y que el objeto no se le venga encima. También lo encontramos en los análisis avanzados, bajo la forma de vértigo, en los que el sujeto, luego de desarticular sus maniobras neuróticas para negar la castración, se confronta con lo que en última instancia lo hace consistir al precio de su deseo.

Lo que empuja

No se levanta... no quiere hacer nada... no lo puedo castigar con sacarle algo, privarlo de algo, porque nada le interesa, nada le importa...

Una pregunta que cobra especial pertinencia en el tiempo de la pubertad es la de lo que empuja. Un niño que solía ser muy activo y hablador pasa a estar tirado todo el día, no hay nada que lo levante, ya no cuenta nada, evidentemente no hay continuidad entre uno y otro.

¿Qué pasó? Si bien es un decir que podemos encontrar en cualquier momento de la vida, se vuelve insistente por parte de los padres, en este tiempo.

¿Podemos encontrar un hilo que anude una temporalidad con lo singular de ese chico/ joven que habita ese espacio intermedio?

En el primer tiempo el niño obtiene del Otro, de sus demandas y mandatos, lo que lo empuja a favor o en contra de lo que le dice. En relación a su cuerpo, lo mueve la búsqueda de satisfacciones parciales, su relación es a partes de su cuerpo que le proveen un goce. Esto que lo mueve en este tiempo debe caer para no quedar totalmente alienado a sus padres, a su realidad y dar lugar a su deseo. Hablo de niños que están en el camino de constituir su neurosis.

Como analista me he visto confrontada a la pregunta: ¿qué es lo que empuja? ¿Qué hace que un sujeto decida abandonar el confort placentero de la cama, despertar, y sumergirse en su realidad cotidiana? ¿Abandonar el placer para ir «más allá del principio del placer»? ¿Qué lo impulsa? ¿Qué lo orienta?

Hemos dicho que lo que orienta es el significante, que señala un objeto de goce como perdido, orientando la búsqueda. Este es el resultado de una operación que llamamos castración; esto es, cuando el significante del nombre del padre opera, el sujeto tiene los recursos para hacer el pasaje que mencionábamos, del $<>D al $<>a. Esto implica una ética: la del deseo.

Pero vemos que esto no es lo único que *empuja*. Encontramos en algunos relatos de los que no han reanudado RSI luego del suceso puberal, que sufren alucinaciones, voces que le indican qué hacer o quién es, imágenes en el cuerpo que lo atormentan, fragmentos de cuerpo que lo aterrorizan. Algo que venía funcionando como enlace para dar la apariencia de anudamiento, se rompe. La articulación de lo simbólico con lo imaginario que provee el sentido y hace la vida vivible, desaparece, y lo real, todo lo que no ha sido simbolizado, amenaza sin tregua.

Situarlo de este modo nos permite ver claramente que el modo en que funciona el agujero hace a la neurosis o psicosis.

El empuje: drang

En una oportunidad Lacan, hablando de Joyce, decía que para él era como el ruido que hace el agua cuando se va por el agujero del inodoro, como algo que lo chupa. Ese agujero chupa. ¿Qué tipo de agujero es? Además de la imagen del agua yéndose como torbellino por el agujero, hace alusión al ruido: *Suck*. Les habrá pasado que, cuando tienen una idea novedosa, que va un poco más allá de lo que uno sabe, todo comienza a girar alrededor de ella, todo va a parar a ese lugar. Lo que podemos constatar en Lacan es todo lo que escribió sobre Joyce, la noción de sinthome, lo que *eso* le hizo decir. Eso hizo decir.

Suck es ese ruido, eso real que viene a molestar en el montaje simbólico-imaginario, algo que se interpone en el montaje y genera una atracción. Atracción que a Lacan le hizo decir que se vio obligado a dar un seminario, se vio obligado a decir. No se vio obligado a irse, no se vio obligado a quejarse de lo que estaba pensando: se vio obligado a dar un seminario.

Estar atento a lo que no anda, a lo que hace ruido, a lo que muestra la brecha en ese montaje de lo simbólico y lo imaginario; esa atención flotante, y el hecho de dar un seminario, hablarían de la inscripción, de la búsqueda de escribir eso que no cesa de no inscribirse.

Respecto de la repetición, uno intenta, cada vez, una inscripción. En el trayecto, algunas cosas se van inscribiendo.

Ese agujero da lugar a un torbellino, no opera aún allí la lógica significante. Esto no dice que es sin lo simbólico, dice que ex-siste a lo simbólico e imaginario y busca su inscripción, busca hacerse decir.

Lacan utilizó el Teorema de Stokes, de los campos vectoriales y la energía potencial para responder acerca de la presión constante de la pulsión, el *drang*.[43]

Lo que resulta del teorema, sintéticamente, es que, cuando hay una superficie bilateral, abierta, cuya frontera es una curva cerrada, lo que sería equivalente a una zona erógena, el flujo es constante. Por ejemplo, el agua en el agujero del inodoro.

Freud plantea que el empuje de la pulsión es permanente, no tiene noche ni día. Sólo tiene que haber operado una pérdida (acción de lo simbólico sobre lo real).

---

43. Ver capítulos XIII y XIV, «Desmontaje de la pulsión» y «La pulsión parcial y su circuito» en Lacan, Jacques. *Los cuatro conceptos fundamentales del psicoanálisis, op. cit.*

Escuchar allí el *ruido* que lo chupa, es equivalente al girar de la pulsión: es esta una atracción pulsional, que se hará pasar por los desfiladeros significantes haciéndose decir.

Pecho, heces; se transforman en objeto de la pulsión porque son cesibles, desprendibles del cuerpo, porque se pueden perder. Ese carácter de objeto que se pierde es lo que lo hace un condensado de goce, un lugar donde se puede gozar.

El objeto lleva la marca del desprendimiento. Esto permite pensar en esos rasgos que atraen del objeto: por ejemplo, en la pubertad, cuando lo que toma la forma del objeto causa es el partenaire de algún sexo; el objeto allí porta la marca del desprendimiento del sujeto y el objeto, un rasgo propio de las repeticiones de su constitución como sujeto.

Lacan ubica la noción de libido como «órgano incorporal»: no es una parte del cuerpo, es lo que inviste a los objetos perdidos haciendo el flujo, es un órgano que se emparenta a un campo de fuerzas.

En tanto este órgano incorporal no entra en las redes del significante, se orienta por lo real, lo real del agujero. Agujero a su vez, efecto de la acción de lo simbólico sobre lo real. Lacan llama pulsión a este flujo libidinal alrededor del agujero producto de la caída del objeto y es la representación de la sexualidad en el inconsciente.

No hay ninguna representación de lo macho o de lo hembra, no hay nada que indique esa bipartición, siempre son representaciones de un objeto que su búsqueda satisface.

En Posición del Inconsciente, Lacan plantea dos cosas muy claras. Para el viviente, el otro representa la alteridad sexual, porque no es lo que *soy yo*; aunque haya búsquedas muy narcisistas, siempre es otro, siempre que uno busque su objeto afuera, construye un objeto parcial, aquello que le va a dar la idea de sutura de esa pérdida originaria.

El viviente solo se puede acercar al Otro a través de las pulsiones parciales. El viviente es ese organismo que ni siquiera tiene los bordes del cuerpo, sino que incluye la libidinización de los objetos perdidos y sus sustitutos ahí donde busca resarcirse, pulsionalmente, de su pérdida originaria.

Del lado del Otro hay normas, hay un orden que le va a decir al sujeto cómo se es hombre o cómo se es mujer. Eso existe y forma parte del lado del Otro. Lo que ocurre es que lo viviente siempre le complica la vida, porque le indica otras cosas. Si uno pudiera ser regido exclusivamente por los significantes, opta por el Otro y no ataca la cadena, sería hombre o mujer, como está dicho que hay que serlo. Está claro que eso no es nunca, y eso es lo que insiste: eso habla.

Una vez que el cuerpo ha sido afectado por el significante, agujereado, en cada uno de esos agujeros, que cumplen funciones biológicas y, además, que ponen en relación el interior con el exterior, se apoya la sexualidad. No es en cualquier lado, tiene que ser en una zona de borde. Lo que dice Lacan es que cualquier marca puede establecer una zona de borde. A las pulsiones que ubica Freud, agrega la mirada y la voz; pero dice que no son las únicas. La pulsión surge a partir de que algún significante hizo su marca, hizo agujero en el cuerpo. Quien erotiza y libidiniza el cuerpo del niño es la madre; tener una sensibilidad de una zona en particular es un agujero que te conecta el adentro con el afuera.

Otro tema interesante es la deserotización. Por ejemplo, respecto de una pareja, que de pronto se deserotiza y «no querés tocarlo ni con el palo de la escoba», como he escuchado decir a una paciente; te da asco.

El asco es una manifestación de una desexualización de un objeto, algo que ha estado sexualizado y que se desexualiza. El rechazo y el asco también forman parte de la sexualidad, como lo que ha sido desexualizado. Es lo que pasa con los chicos que no quieren comer porque no le encuentran el interés a la comida. También hay ahí una desexualización del alimento.

Aquel que ha transitado un análisis se puede advertir sujeto efecto de la castración; para que esto ocurra se requiere un barramiento del Otro, una destitución del lugar del saber. Cuando uno se basa exclusivamente en cosas ya sabidas para responderse o para guiarse, el agujero queda taponado. Lo cierto es que el sujeto funciona casi todo el tiempo en una realidad fantasmática, producto de ese montaje simbólico-imaginario. El agujero apunta a escuchar lo que no anda, a escuchar el *suck*; esto no siempre ocurre, no puede ocurrir siempre.

Lo simbólico sobre lo real produce agujero, agujerea. El montaje simbólico-imaginario deja afuera lo real; lo real pugna por aparecer. El ruido del pulso de lo real permite avanzar.

El objeto no es agujero: es condición necesaria, es el no sin. No se trata ya de la irrupción de lo que no anda, sino de una condición necesaria que forma parte de una lógica: la lógica del montaje simbólico-imaginario, real.

La falta produce el movimiento

Una alucinación auditiva, por ejemplo, que le indica a alguien qué debe hacer, ¿es una forma del empuje?

Por lo pronto, se presenta algo del orden de la forclusión; algo que, en lugar de formar parte del Otro inconsciente, proviene de afuera. Hay un efecto de forclusión, pero es un Otro que se constituye para poder hacer. Hay algo que funciona en el lugar de la causa.

El fantasma genera sentido; es, por decirlo de algún modo, lo más llevadero para constituir la realidad. Pero no todas las realidades son fantasmáticas: en la psicosis, en la alucinación, en el delirio, el sujeto se ve impulsado por otras cosas. Es también el caso de la compulsión: cuando el sujeto se ve obligado a seguir tomando, a seguir comiendo, a seguir; cuando sabe que no se lleva para ningún lado, sino que hay algo que lo lleva. Es cierto que el sujeto siempre es, de algún modo, llevado: por el lenguaje, por la cultura; pero el sujeto empujado puede interceptar ese movimiento y habitar una intersección posible.

El analista se tiene que preguntar ¿qué es lo que lleva al analizante a hacer incluso lo que dice no querer? «Yo quería tener una familia y acá estoy, sola como un perro», «Yo quiero tener mucho trabajo y no me viene ni un paciente».

¿Qué es lo que lleva a cada uno a ese lugar? ¿Qué es lo que nos mantiene en el campo del goce o del deseo?

Hay tiempos en los que lo que empuja es lo pulsional, donde el lazo se manifiesta en relación a la demanda del Otro primordial, la función paterna que permite la sustitución, metáfora del deseo materno, por el lenguaje, introduce al sujeto en el camino del deseo.

La relación del $ a la Demanda se mantiene en el neurótico como modo de su fantasma, sostiene su realidad. En el lugar del objeto a causa de deseo, se encuentra la Demanda. El empuje queda supeditado a la demanda del Otro.

La búsqueda de consistencia, de ser UNO, moviliza las pasiones, denominadas por esto, del ser. El amor, el odio, la ignorancia, también empujan al sujeto buscando eludir la castración.

Cuando empuja el Superyó, que para Freud representa el peso de la cultura como conciencia moral o mandato superyoico, el mandato se debe cumplir inequívocamente, de lo contrario la culpa arrasa. En Lacan está referido a lo obsceno y feroz del capricho materno, sin ley, que empuja a gozar, mientras que el deseo lo aleja.

Allí se da un circuito donde no hay un efecto metafórico ni sustitución, donde el sujeto se ve impulsado a esos goces del capricho materno: ahí no ha operado la ley. El corte está ligado siempre a la función paterna. Una madre perversa opera con su objeto, que es el niño, sin un tiempo que la regule: el tiempo para la mamá perversa es infinito (no necesariamente ella lo es por estructura, arma el vínculo con su hijo de un modo perverso). No hay corte. La madre, en un primer tiempo, puede parecer una madre perversa, hasta que deja operar al padre.

La madre busca que el niño goce porque esto la acerca a ella; entra en ese tiempo infinito, sin corte, porque no desea que su hijo desee, porque el deseo lo separa de ella.

El Ideal del yo, que ya lleva la interdicción paterna al capricho materno, empuja al sujeto a colocarse en el lugar en el que le complace ser visto.

Si no hay significante no hay prohibición, si no hay prohibición no hay incesto, si no hay incesto no hay transgresión, si no hay transgresión no hay deseo ni erotismo.

Lacan nos enseña que el valor erótico de un objeto, el pecho en su reflexión, proviene de que es cesible. Se puede perder y alojar en el cuerpo de otro, que de ese modo se erotiza. Favorece la ilusión del UNO. Bataille, en *El erotismo*[44], le llama «La nostalgia de la continuidad con el ser»; el pasaje del animal al hombre se produce por el trabajo, la conciencia de su muerte y el pasaje de la sensualidad desvergonzada a la vergüenza de la que resulta el erotismo. En la escena erótica *yo me pierdo*. La transgresión que esto implica, levanta la prohibición sin suprimirla.

---

44. Bataille, Georges. *El erotismo, op.cit.*

Las fuerzas que empujan se reordenan en la pubertad, luego de un tiempo de des gano; si hay recursos, si la presión y los mandatos no son excesivos, Algo reaparece. No el objeto, sino su pérdida y por ende su búsqueda: el empuje.

Cuando el hacer deriva del mandato, puede haber sumisión o rebeldía, si hay sumisión no hay deseo, si hay rebeldía habrá culpa.

Cuando deriva de la búsqueda porque la pérdida está operando, se inicia el proceso de autorizarse. «El ser sexuado se autoriza de él mismo y por algunos otros»[45]. Resulta de ahí un sujeto responsable, no culpable.

---

45. Lacan, Jacques. *De un Otro al otro, op.cit.*

Algunas conclusiones

Pubertad / Adolescencia /... Es un tiempo de corte que, en una segunda vuelta, constituye un borde. La segunda vuelta —que Lacan apoya para su despliegue en la geometría proyectiva con la superficie del Plano Proyectivo— desprende al objeto que lleva las marcas de ese desprendimiento en su borde. De esta pérdida de goce, el cuerpo del que se constituye como del otro sexo se hace metáfora de este goce perdido. Esto sostenido en el fantasma.

Es claramente la pubertad un momento estructurante. De cómo sale de allí dependerá su neurosis o psicosis.

Ocurre en un tiempo de cruce entre lo cronológico, lo biológico, lo lógico, donde lo RSI buscan reanudarse, en otro cuerpo, con otros lazos. Pero sus efectos, los restos de este pasaje y de lo que no pasó, lo encontramos en cualquier «edad». Del mismo modo que el Edipo. No hay «finalización del complejo de Edipo» Hay corte y reinscripción en otras coordenadas, en ambos tiempos por la prohibición del incesto.

La pérdida que marca a la sexualidad del *parlêtre* es la pérdida del goce absoluto que representa hacer uno con el objeto que satisface, esto conduce en dirección de saber hacer con el objeto. Es por esto que monta con lo que Lacan denomina fantasma, el andamiaje de la pulsión, su rodeo, que da lugar al deseo.

En su última alocución pública, en Caracas en 1980 Lacan decía: «La paz sexual quiere decir que se sabe qué hacer con el cuerpo del otro. Pero ¿quién sabe qué hacer con un cuerpo de hablanteser? Salvo apretarlo más o menos... Cualquiera sabe hacerlo mejor. Digo cualquiera: una rana por ejemplo».

Es un tiempo de máxima tensión, para resguardar algo del goce, para que no se «desarme» el cuerpo se tensa, tensión que se mantiene en el tiempo si no hay el «alivio» del corte de la escena infantil y el reanudamiento.

Cuando un adolescente llega al análisis, en casi todas las oportunidades, traído por sus padres o quienes se interesan por él, traen un abanico de síntomas que convergen en una gran dificultad para hacer este pasaje, manifestado en una imposibilidad de hacer lazos, encontrar algo que los cause, no encontrarle «la vuelta» a la escolaridad, fobias, inhibiciones extremas, pasajes al acto... Esto ubica al analista en un lugar muy especial. Aunque la apariencia sea de apatía, sobre todo porque rechaza el saber de los padres, está ávido de saber.

El sujeto rechazado del saber sobre su sexo a partir de la incidencia equívoca del significante, lo único que reconoce es una diferencia. En busca de una certeza sobre su goce y hacia dónde (qué identidad) este lo conduce, busca fuertemente un saber, como no lo hay, puede encontrarlo en creencias religiosas, u otras creencias incluidas las de un «terapeuta», que suturarán su búsqueda.

Es en el equívoco que el sujeto encuentra su verdad y la hace objeto. Es desde la incerteza que el sujeto deberá responder como hombre o como mujer.

Acerca de la autora

Adelfa Jozami nació en Paraná, Entre Ríos (Argentina), el 23 de septiembre de 1948. Realizó sus estudios universitarios en Rosario, donde desarrolló diez años de su práctica. Allí, junto a otros psicoanalistas fundó la Escuela de Psicoanálisis Sigmund Freud.

En 1983 se traslada a Buenos Aires. Luego de participar en varios grupos de psicoanalistas, en 1990 funda, con algunos de ellos, la Institución Psicoanalítica de Buenos Aires, de la que fue directora durante un período. Pensó la enseñanza del psicoanálisis por fuera de las universidades, motivo por el cual esta se desarrolló en las instituciones psicoanalíticas a las que ha pertenecido, donde anualmente ha dado cursos y seminarios.

Participó en la fundación y construcción de «Convergencia. Movimiento lacaniano por el psicoanálisis freudiano» en la búsqueda de espacios de interlocución y debate que permitiera a los psicoanalistas y al psicoanálisis trascender los límites locales de sus transferencias.

En 2009, participa en la fundación de la Escuela de Psicoanálisis Lacaniano de la que fue directora en dos oportunidades.

Durante estos últimos años trabajó sobre la Construcción del fantasma, la elección sexual; dictó un seminario sobre Adolescencia y otro titulado «Qué impulsa a un sujeto a realizar un cambio de sexo». Participó como expositora en eventos y congresos internacionales, tanto en Argentina como en Bahía, Recife, Río de Janeiro y Porto Alegre en Brasil, así como en Francia, París (Hôpital de la Salpêtrière), abordando, entre otros, estos temas. Los encuentros en Latinoamérica han sido organizados por las Reuniones Lacanoamericanas de Psicoanálisis.

Ha publicado *El testimonio en la formación del psicoanalista y en la teoría psicoanalítica* (Buenos Aires, Editorial Catálogos, 2001).

Colección Mirar con las palabras

Otros títulos en esta colección

¿Qué queda del padre?
La paternidad en la época hipermoderna

Massimo Recalcati

En el tiempo de la evaporación del padre y del desmembramiento de la familia tradicional, ¿qué es lo que puede tener una función de guía para el sujeto? ¿Qué queda del padre más allá de su Ideal? ¿Qué es lo que hace posible, en la época del ocaso del Edipo, una transmisión eficaz del deseo? ¿Qué significa "heredar" la facultad de desear? ¿Cómo pueden aún armonizarse el deseo y la Ley? A través de Sigmund Freud y Jacques Lacan, y de algunas figuras tomadas de la literatura (Philip Roth y Cormac McCarthy) y del cine (Clint Eastwood), se perfilan los rasgos de una paternidad debilitada, pero igualmente vital, exenta de cualquier aura teológica y fundada en el valor ético del testimonio singular.

Todo discurso sobre la crisis de la función paterna parece absolutamente caduco y, a la vez, absolutamente urgente. No solo porque uno no se resigna fácilmente al duelo por el Padre, sino, sobre todo, porque la humanización de la vida exige el encuentro con «al menos un padre».

Massimo Recalcati

El falo enamorado
Mitos y leyendas de la sexualidad masculina

Silvia Fendrik

Después de haber escrito valiosos libros sobre el psicoanálisis de niños y sus protagonistas, desde Anna Freud y Melanie Klein hasta las argentinas Arminda Aberastury y Telma Reca, y luego de haber escudriñado profundamente en la anorexia y la bulimia, todos libros hermosos, ampliamente leídos y agotados, ahora la talentosa Silvia Fendrik se anima a internarse en un tema tan apasionante como poco frecuentado, la sexualidad del varón, del hombre, no menos enigmática que la de la mujer, mucho más estudiada. De sus vastas lecturas de la bibliografía psicoanalítica, Fendrik se va a apoyar en esta aventura intelectual en dos autores que conoce a fondo, Freud y Lacan, para ver si con ellos puede acercarse a la sexualidad del varón. Para esto fija su mirada en personajes arquetípicos, Hamlet, Don Juan, Casanova y Fausto, que encarnan un fértil campo de estudio y de reflexión. Todos ellos, sin duda, son el hombre frente (o junto) a la mujer; pero muy distintos entre sí, tal como los entiende esta mujer, cuestionadora e inquieta que es Silvia Fendrik. Estos personajes, bien conocidos por la cultura y por el psicoanálisis, le sirven a Fendrik para exponer las ideas de Freud y de Lacan desde su propia y singular perspectiva.

R. Horacio Etchegoyen

Jacques Nassif

Traducción de
Néstor A. Braunstein

xoroi·diciou

Colección Mirar con las palabras

El libro de las muñecas parlantes

Jacques Nassif

La irrupción de la ciencia en la intimidad de nuestras vidas se manifiesta bajo la forma, entre otras, de prodigiosos artefactos que parecen hablarnos. Ya no tienen que disfrazarse de muñecas para volverse creíbles y convincentes y cumplir con su misión de edulcorar nuestra soledad, reemplazar nuestra memoria y saturar nuestra imaginación. Estos engendros son ubicuos como el Dios uno y único que antaño nos veía y vigilaba nuestras almas. Se presentan como sustitutos de Su omnipresencia y nos sobornan, brindándonos la posibilidad de animar y escuchar las voces de objetos hechos a nuestra imagen y semejanza. La obra de Jacques Nassif aquí publicada retrata la genealogía de estas nuevas criaturas de Prometeo, contándonos las ficciones que (desde Frankenstein hasta la Eva futura), generadas las unas por la otras, adelantan este proceso en marcha de muñequización de la vida. Por eso aparecen los nombres de los narradores que dieron vida con sus relatos a las nuevas criaturas de Prometeo: de Bioy Casares a Felisberto Hernández, de Mary Shelley a Villiers de l'Isle-Adam, para llegar hasta Pirandello y Kafka. Todos ellos confirman lo ya sabido: que la verdad tiene estructura de ficción. Por sus bases pretendidamente científicas, los relatos acaban por dar cuerpo a conceptos. Adelantándose a nuestra modernidad, fueron los románticos alemanes los precursores de este nuevo mundo, al forjar el racimo de creaciones de la suplencia que son el Gólem, el Fantasma y la Mandrágora.

¿Puede el psicoanálisis dejar de hacer oír su palabra, ahora que se generaliza la reducción de la relación sexual a una mera relación textual? ¿Hasta dónde es posible aguantar esta nueva forma de adicción a muñecas tecnológicas que aparentan hablar, pero carecen de una voz propia?

www.ingramcontent.com/pod-product-compliance
Lightning Source LLC
Chambersburg PA
CBHW072124280526
45788CB00002B/536